いちばんやさしいピアノ教本

特典映像 ページとリンクした DVD CONTENTS コンテンツ

【はじめまして！ピアノさん】

- 正しい演奏姿勢とフォームを身につけよう
- ピアノの特性を体感しよう
- 基本となるドの鍵盤を覚えよう
- 基本となるドの鍵盤を覚えよう

【いろんなドレミを弾こう】

- ドレミファソを弾いてみよう
- ソファミレドを弾いてみよう
- ドレミファソラシドを弾いてみよう
- ドシラソファミレドを弾いてみよう
- 隣り合った鍵盤を交互に弾いてみよう
- 間を空けた鍵盤を交互に弾いてみよう（右手）
- 間を空けた鍵盤を交互に弾いてみよう（左手）

【楽譜に合わせて弾こう】

- 音符が混在するフレーズを弾いてみよう
- 付点や休符のあるフレーズを弾いてみよう
- 音が飛んでいるフレーズを弾いてみよう（右手）
- 音が飛んでいるフレーズを弾いてみよう（左手）
- 3連符のフレーズを弾いてみよう（右手）
- 3連符のフレーズを弾いてみよう（左手）
- 両手で別々のフレーズを弾いてみよう（その1）
- 両手で別々のフレーズを弾いてみよう（その2）
- 強弱の指示に従って弾いてみよう
- 奏法の指示に従って弾いてみよう

【和音（コード）弾こう】

- テンポに合わせてドミソの和音を弾いてみよう
- ドミソ以外の和音も弾いてみよう
- 和音を切り替えながら弾いてみよう
- 分散和音を弾いてみよう
- 左手パートと合わせて弾いてみよう
- リズムのある左手パートと合わせて弾いてみよう
- 動きのある左手パートと合わせて弾いてみよう

まえがき

　本書は、"ピアノが弾けたら楽しいだろうな〜。でも難しそうだから自分には無理だろうな"と半分あきらめているようなごく普通の人たちに、"取りあえずピアノが弾けるようになってもらう"ことを目的にした教則本です。

　DVD&YouTubeでの映像コンテンツ＋フリーダウンロード対応の模範演奏MP3ファイル＋誌面を使って、できるだけやさしく、わかりやすい解説を心がけていますから、"ドの鍵盤はどこ？""楽譜はどうやって読むの？""コードって何"というレベルの方でも大丈夫。もちろん一朝一夕に上手になることは難しいですが、自分のペースに合わせて少しずつでも練習を重ねていけば、そのうちきっと市販の初心者用ピアノ曲集やコード譜が載っている歌本などを見ながら、ピアノ演奏が楽しめるようになります。

　さあ、いつか必ずやってくるその日を目指して一緒に頑張りましょう！

2017年3月
PIANO STYLE 編集部

本書の読み方

本書では、図や写真、譜面をふんだんに使い、できるだけ大きな文字ですべての手順をていねいに解説しています。はじめてピアノを弾く人でも迷わず安心して練習を進めることができます。

レッスン
見開き2ページを基本に、やりたいことを簡潔に解説します。「やりたいこと」や「知りたいこと」をタイトルからすぐに見つけられます

キーワード
音楽用語などのキーワードからレッスン内容がわかります

概要
レッスンの要点をまとめています

左ページのつめ見出しで、章タイトルからページを探せます

ポイント
レッスンの概要や演奏の要点を図解でていねいに解説します。概要や演奏内容をより深く理解することで、確実に弾きこなせるようになります

レッスン 1
正しい演奏姿勢とフォームを身につけよう

キーワード 正しい演奏姿勢とフォーム

第1章 はじめまして！ピアノさん

ピアノの前に座って最初にすること、それが演奏姿勢や指のフォームのチェックです。正しい姿勢と指のフォームを身につけるとピアノが弾きやすくなり、上達のスピードがアップします。だからこそ、自己流の変なクセがつかないうちに、きちんと体に覚え込ませることがとても重要になるのです。

理想的な演奏姿勢をキープしましょう

●椅子の高さから調節していきます

正しい演奏姿勢の基準となるのがイスの高さです。

まずは比較的浅めに腰掛けて、そのまま両手を鍵盤の上に軽く置いてみましょう。イスが高すぎると肘の角度が90度より大きくなります。逆に低すぎると90度より小さくなります。これらは両方ともNGなので、肘の角度がほぼ90度になるように椅子の高さを調節してください。また、脇を空けて肘を横に張るような威張ったポーズも×。猫背もよろしくありません。スッと背筋を伸ばして、両脇を軽く締めるようにしたら、肩を上下に動かしていったんリラックスさせます。その状態で肘がほぼ90度なら演奏姿勢としては完璧！です。

脇を空けて肘を横に張るような威張ったポーズはダメ

もちろん猫背もダメです

手順 — 必要な手順を、図解や写真とともに解説

① 肘、腕、手首の角度をチェックしましょう

肘をほぼ90度にしたときに手首と腕の角度がそろっているか確認します

手首が腕より高くても低くても弾きにくくなります

手順見出し
練習譜例を弾いたり、演奏に必要な知識を習得するための手順を、それぞれの内容ごとに見出しをつけて挙げています。マスターする上で、しっかり押さえておきたい手順を説明する箇所では、見出しに番号がついています。番号がある場合は順に進めてください。

説明
それぞれの手順の説明です。番号がある時は順に進めてください。

解説
演奏方法について解説しています。

---

① 肘、腕、手首の角度をチェックしましょう

肘をほぼ90度にしたときに手首と腕の角度がそろっているか確認します

手首が腕より高くても低くても弾きにくくなります

② 指のフォームをチェックしましょう

鍵盤の上で指が反り返るくらい力を入れて手のひらを開き、そこから一挙に力を抜いたときのふんわりした丸みのある形が理想のフォームです

指が立ちすぎても寝すぎても弾きにくくなります

ヒント
爪が伸びていると、鍵盤にカチカチ当たって弾きにくくなりますから、ピアノを弾く前には深爪しない程度に短く切りそろえておくようにしましょう。

🏁 終わり

右ページのつめ見出しで、キーワードからページを探せます

1 正しい演奏姿勢とフォーム

ヒント
レッスンに関連した、さまざまなノウハウやアドバイスを紹介します

このアイコンがついているレッスンは本文の解説がDVDとリンクしています

このアイコンがついているレッスンは模範演奏の内容をYouTubeで視聴することができます

このアイコンがついている譜例は模範演奏を収録したMP3ファイルをフリーダウンロードできます

目次

まえがき ……………………………………………………………………………… 3
本書の読み方 ………………………………………………………………………… 4

第1章　はじめまして! ピアノさん　　13

1 正しい演奏姿勢とフォームを身につけよう
　　＜正しい演奏姿勢とフォーム＞ ………………………………………………… 14
2 ピアノの特性を体感しよう　＜音の強弱　長短　余韻＞ …………………… 16
3 基本となるドの鍵盤を覚えよう　＜中央のド＞ ……………………………… 18

　Q&A　電子ピアノでも大丈夫ですか？ ………………………………………… 20

第2章　いろんなドレミを弾こう　　21

4 ドレミファソを弾いてみよう　＜ドレミファソの運指＞ …………………… 22
5 ソファミレドを弾いてみよう　＜ソファミレドの運指＞ …………………… 24
6 ドレミファソラシドを弾いてみよう　＜指くぐりと指またぎ＞ …………… 26
7 ドシラソファミレドを弾いてみよう　＜指くぐりと指またぎ＞ …………… 28
8 隣り合った鍵盤を交互に弾いてみよう　＜ドレレドの運指＞ ……………… 30
9 間を空けた鍵盤を交互に弾いてみよう（右手）
　　＜ドミミドの運指＞ ……………………………………………………………… 32

⑩ 間を空けた鍵盤を交互に弾いてみよう（左手）
　＜ドミミドの運指＞ ……………………………………………………… 34

Q&A ドレミ？ イロハ？？ ABC？？？ …………………………… 36

第3章　楽譜と仲良くなろう　　37

⑪ 五線と鍵盤の対応を学ぼう ＜五線と鍵盤の対応＞ ……………… 38
⑫ 記号の意味を学ぼう ＜音部記号　拍子記号　小節線＞ ………… 40
⑬ 音符や休符の種類と長さの関係を学ぼう ＜音符　休符　付点＞ …… 42
⑭ 連符の種類と長さの関係を学ぼう ＜連符＞ ……………………… 44
⑮ 拍子の成り立ちを学ぼう ＜拍子の成り立ち＞ …………………… 46
⑯ ２、３、４拍子以外の拍子の成り立ちを学ぼう
　＜複合拍子　混合拍子＞ ………………………………………… 48
⑰ ♯（シャープ）や♭（フラット）の意味を学ぼう
　＜変位記号　本位記号＞ ………………………………………… 50
⑱ 強弱や速度、奏法指示の意味を学ぼう
　＜強弱記号　速度記号　奏法の指示＞ ………………………… 52
⑲ 反復記号の意味を学ぼう ＜反復記号＞ …………………………… 54
⑳ 指番号やペダル記号の意味を学ぼう ＜指番号　ペダル記号＞ …… 56

Q&A スラーとタイの違いは何ですか？ …………………………… 58

第4章　楽譜に合わせて弾こう　59

21 音符が混在するフレーズを弾いてみよう
　　　＜音符の長さと演奏の対応＞ ……………………………………… **60**

22 付点や休符のあるフレーズを弾いてみよう
　　　＜付点や休符と演奏の対応＞ ……………………………………… **62**

23 音が飛んでいるフレーズを弾いてみよう（右手）
　　　＜離れた鍵盤を弾く＞ ……………………………………………… **64**

24 音が飛んでいるフレーズを弾いてみよう（左手）
　　　＜離れた鍵盤を弾く＞ ……………………………………………… **66**

25 3連符のフレーズを弾いてみよう（右手）
　　　＜3連符の感覚をつかむ＞ ………………………………………… **68**

26 3連符のフレーズを弾いてみよう（左手）
　　　＜3連符の感覚をつかむ＞ ………………………………………… **70**

27 両手で別々のフレーズを弾いてみよう（その1）　＜両手弾き＞ …… **72**

28 両手で別々のフレーズを弾いてみよう（その2）　＜両手弾き＞ …… **74**

29 強弱の指示に従って弾いてみよう　＜抑揚の表現＞ ………………… **76**

30 奏法の指示に従って弾いてみよう　＜アーティキュレーションの表現＞ …… **78**

Q&A テヌートとスタッカートが一緒に書かれた音符は
　　　どう弾けばいいのですか？ ……………………………………… **80**

第5章 ソロピアノにチャレンジしよう　　81

31 ここに気をつけて演奏しよう
　　＜「SWEET MEMORIES」演奏のポイント＞ ……………………… 82

32 「SWEET MEMORIES」を弾いてみよう
　　＜ソロピアノ「SWEET MEMORIES」＞ ……………………… 84

Q&A ダンパーペダル以外のペダルは
　　何のためにあるのですか？ ……………………… 90

第6章 和音（コード）を弾こう　　91

33 テンポに合わせてドミソの和音を弾いてみよう
　　＜ドミソのストローク演奏＞ ……………………… 92

34 ドミソ以外の和音も弾いてみよう
　　＜ドミソ以外のストローク演奏＞ ……………………… 94

35 和音を切り替えながら弾いてみよう
　　＜和音が切り替わるストローク演奏＞ ……………………… 96

36 分散和音を弾いてみよう　＜分散和音（アルペジオ）＞ ……………………… 98

37 左手パートと合わせて弾いてみよう　＜和音の両手弾き＞ ……………………… 100

㊳ リズムのある左手パートと合わせて弾いてみよう
　　<和音の両手弾き> ……………………………………………………… 102

㊴ 動きのある左手パートと合わせて弾いてみよう
　　<和音の両手弾き> ……………………………………………………… 104

Q&A 練習にメトロノームは必要ですか？ ………………………………… 106

第7章　コード譜に合わせて弾こう　　107

㊵ メジャーコードとマイナーコードの違いを学ぼう
　　<メジャーコード　マイナーコード> …………………………………… 108

㊶ 7のついたコードを弾いてみよう　<セブンスコード> ………………… 110

㊷ 6つの基本コードを学ぼう（三和音）　<基本のコード（三和音）> … 112

㊸ 7つの基本コードを学ぼう（四和音）　<基本のコード（四和音）> … 114

㊹ 左手でルート音を弾いてみよう　<左手でルート音> …………………… 116

㊺ コードの押さえ方のバリエーションを学ぼう
　　<転回形　オンコード　分数コード> …………………………………… 118

㊻ 練習問題にチャレンジしよう　<コード譜からの演奏> ……………… 120

Q&A コードは最初から全部丸暗記しないとダメ？ ……………………… 126

第8章 ピアノ弾き語りにチャレンジしよう　127

- ㊼ ここに気をつけて演奏しよう ＜「ひこうき雲」演奏のポイント＞ …… **128**
- ㊽ 「ひこうき雲」を弾き語りしてみよう
  ＜ピアノ弾き語り「ひこうき雲」＞ …………………………… **130**

第9章 最終課題曲にチャレンジしよう　141

- ㊾ ここに気をつけて演奏しよう ＜「戦メリ」演奏のポイント＞ ………… **142**
- ㊿ 「戦メリ」のテーマを弾いてみよう
  ＜最終課題曲「Merry Christmas Mr. Lawrence」＞ ……………… **144**

付録1 ピアノコードカタログ　153

付録2 基礎資料集　169

- **Q&A** コードネームの後ろについている
  9や11, 13の数字の意味がわかりません ……………… **175**

譜例や楽譜の模範演奏を視聴する場合は

　このアイコンがついている譜例の模範演奏を収録したMP3ファイルは

http://www.rittor-music.co.jp/e/furoku/index.html

から自由にダウンロードすることができます。
　PC上からご利用のインターネットブラウザで上記のURLを入力すると弊社の「付録データのダウンロード」ページが表示されますので、"た行"をクリックして『できる　ゼロからはじめるピアノ超入門』のタイトル右に青く表示されているMP3（ZIP）の文字をクリックしてください。
　ダウンロードしたMP3ファイルをダブルクリックすると、MP3ファイルの再生に対応するオーディオプレーヤーソフトで自動的に再生が行われます。

＊スマートフォンやタブレットからダウンロードを行い、再生することも可能ですが、専用アプリの入手や、入手後に行うアプリ固有の設定などが必要となります。このような操作に慣れていない方には、PC上からのダウンロードと再生を推奨いたします。

　このアイコンがついている「SWEET MEMORIES」「ひこうき雲」「Merry Christmas Mr. Lawrence」の模範演奏を視聴する際は、PC上からご利用のインターネットブラウザまたはスマートフォン、タブレットから、本書特設ホームページのURL

http://www.rittor-music.co.jp/s/dekiru/piano/index.php

を入力し、画面上で再生操作を行ってください。
　スマートフォンやタブレットなどからは下記のQRコードを読み取るだけで特設ページへダイレクトにアクセスすることができます。
　なお、QRコードから特設ホームページへのダイレクトアクセスにはApp Store（iOS用）やGoogle Play（Android用）からQRコード読み取り用アプリを入手する必要があります（スマートフォンやタブレットの機種によっては、あらかじめ本体内にQRコード読み取り用アプリが用意されている場合もあります）。簡単な設定で利用できますので、ご活用ください。

「付録データのダウンロード」ページでた行をクリックすると、すぐに見つけることができます

QRコード読み取り用アプリには無料のものも多数あります（画面はGoogle Playでの例）

第1章

はじめまして！ピアノさん

"まったく弾いたことがないんです……"という人も、"ギターなら少しは弾けるけどピアノは未経験"という人も、"「ねこふんじゃった」なら弾いたことがあるぞ"という人も、この本を手に取ったからには、みなさんピアノを弾いてみたいという気持ちは一緒のはず。まずはピアノの前に座ってみましょう。

この章の内容

1. 正しい演奏姿勢とフォームを身につけよう ……… 14
2. ピアノの特性を体感しよう ……………………… 16
3. 基本となるドの鍵盤を覚えよう ………………… 18

ピアノの素朴な「？」に答える Q & A ……………… 20

レッスン 1 正しい演奏姿勢とフォームを身につけよう

キーワード🔑 正しい演奏姿勢とフォーム

第1章 はじめまして！ピアノさん

ピアノの前に座って最初にすること、それが演奏姿勢や指のフォームのチェックです。正しい姿勢と指のフォームを身につけるとピアノが弾きやすくなり、上達のスピードがアップします。だからこそ、自己流の変なクセがつかないうちに、きちんと体に覚え込ませることがとても重要になるのです。

理想的な演奏姿勢をキープしましょう

●椅子の高さから調節していきます

正しい演奏姿勢の基準となるのがイスの高さです。

まずは比較的浅めに腰掛けて、そのまま両手を鍵盤の上に軽く置いてみましょう。イスが高すぎると肘の角度が90度より大きくなります。逆に低すぎると90度より小さくなります。これらは両方ともNGなので、肘の角度がほぼ90度になるように椅子の高さを調節してください。また、脇を空けて肘を横に張るような威張ったポーズも×。猫背もよろしくありません。スッと背筋を伸ばして、両脇を軽く締めるようにしたら、肩を上下に動かしていったんリラックスさせます。その状態で肘がほぼ90度なら演奏姿勢としては完璧！です。

脇を空けて肘を横に張るような威張ったポーズはダメ

もちろん猫背もダメです

① 肘、腕、手首の角度をチェックしましょう

手首と腕の角度がそろう感じに

肘をほぼ90度にしたときに手首と腕の角度がそろっているか確認します

手首が腕より高くても低くても弾きにくくなります

② 指のフォームをチェックしましょう

指が反り返るくらい力を入れて手のひらを開き……

鍵盤の上で指が反り返るくらい力を入れて手のひらを開き、そこから一挙に力を抜いたときのふんわりした丸みのある形が理想のフォームです

指が立ちすぎても寝すぎても弾きにくくなります

そこから一挙に脱力

ヒント💡

爪が伸びていると、鍵盤にカチカチ当たって弾きにくくなりますから、ピアノを弾く前には深爪しない程度に短く切りそろえておくようにしましょう。

終わり

レッスン2 ピアノの特性を体感しよう

キーワード　音の強弱　長短　余韻

第1章　はじめまして！ピアノさん

　ピアノは鍵盤を弾く強さによって、ささやくような小さな音からびっくりするほど大きな音まで出せる楽器です。また鍵盤を押している時間によって、短い音から長い音まで自由に出せるようにもなっています。さらに、足下のダンパーペダルを使って、鍵盤から指を離してからも発音を持続させることができます。

① 強弱をつけて鍵盤を弾いてみましょう

◆強く弾くと大きな音

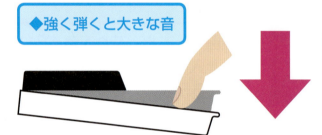

どれでもかまいませんから、好きな鍵盤を人差し指で強く弾きます。大きな音が出ます

◆弱く弾くと小さな音

同じ鍵盤を人差し指で弱く弾きます。小さな音が出ます

鍵盤を強く弾いたときには音が大きくなるだけでなく、サウンドが明るく派手になります。逆に、弱く弾いたときには音が小さくなるだけでなく、暗くメロウなサウンドになります

② 鍵盤を押す長さを変えて弾いてみましょう

音の強弱　長短　余韻

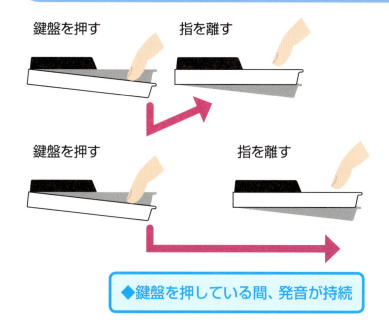

好きな鍵盤を人差し指でポンとはじくように弾きます。指を離すと同時に発音が終わります

同じ鍵盤を人差し指で押したままにします。鍵盤を離すまで、徐々に音量が下がりつつ発音が持続します

◆鍵盤を押している間、発音が持続

③ ダンパーペダルを踏んで弾いてみましょう

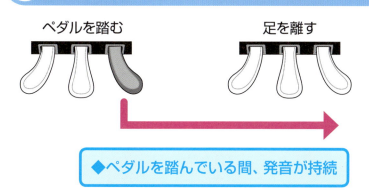

ダンパーペダルを踏んだ状態で好きな鍵盤を弾きます。鍵盤を押した時間の長さに関係なく、ダンパーペダルから足を離すまで発音が持続します

◆ペダルを踏んでいる間、発音が持続

ヒント

ほとんどのピアノに装備されている3本のペダルのうちの、右端にあるのがダンパーペダルです。他の2本のペダルはピアノの種類によって役割が異なります。詳しくはP90のQ&Aをお読みください。

終わり

レッスン3 基本となるドの鍵盤を覚えよう

キーワード　中央のド

第1章　はじめまして！ピアノさん

　ピアノを弾いたことがなくても、「ドレミの歌」くらいは知ってますよね。ドの音はピアノの演奏や楽譜の読み書きにとって基本となる最も大事な音です。ではここで問題です。"通常、ピアノの鍵盤は88ありますが、ドの音の鍵盤はどこにあるでしょう？"しかもその答えは1つではありません。さて、どうする？

鍵盤を眺めてみると2つのグループが見えてきます

●短い方のグループの左端の鍵盤、それがドです

　鍵盤をじっくり見渡してください。並び方になんか法則性がありそうに思えませんか？

　すぐにわかるのは、白い鍵盤（白鍵と呼びます）の間に黒い鍵盤（黒鍵と呼びます）が交互に並んでいるという点でしょう。でも、ところどころに黒鍵が挟まっていない箇所がありますよね。では、この黒鍵が挟まっていない箇所に注目してもう1度よく見直してみると……そうです、"白黒白黒白"の短いグループAと"白黒白黒白黒白"の長いグループBがあることがわかります。そして左右に目をやると、このグループ自体が交互に並んでいることにも気づくでしょう。

　では本題に戻って、ドの音の鍵盤はどこにあるかというと、それは短いグループAの左端にあるんです。そして、ピアノの88鍵のうちグループAは7つありますから、ドの音の鍵盤も7つあるというわけです。おっと、左から数えて88番目の鍵盤＝右端の鍵盤もドでした。というわけで、これを加えて、ピアノには8つのドの鍵盤があることになります。

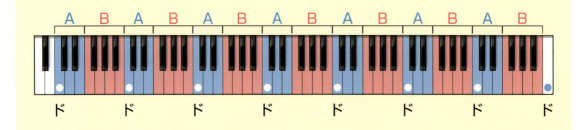

① 中央のドを弾いてみましょう

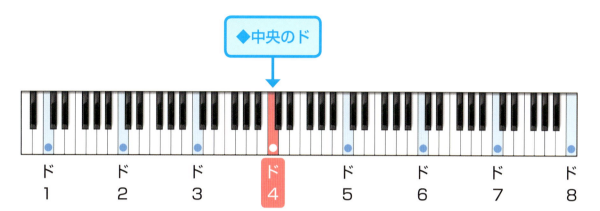

鍵盤の左端から数えて4つ目のドが、8つあるドのうちでも最も基本の音となる中央のドになります

中央のドの鍵盤を人差し指で弾いて、音の高さを確認してみましょう

人差し指でドから右に向かって8つの白鍵を順番に弾いていくと、おなじみのドレミファソラシドのメロディになります。ためしに1〜7つ目のドのすべてでドレミファソラシドを弾いてみましょう。何番目のドから弾き始めるかによって音の高低差は生じますが、メロディ自体は変わりません

ヒント

ピアノの鍵盤は右にあるほど高い音になり、発音可能な最も高い音は、右端の鍵盤のドになります。また発音可能な最も低い音は左端の鍵盤のラの音になります。実は、これだけ広い音域（発音可能な音の高低差）を持っているアコースティック楽器はピアノだけなんですよ。

ピアノの素朴な「？」に答える Q&A

Q 電子ピアノでも大丈夫ですか？

A もちろん大丈夫です
初心者にはむしろオススメしたいくらいです

　グランドピアノ至上主義の先生たちには怒られそうですが、大人の趣味としてピアノを弾きたいと考えている人にとっては、電子ピアノが最も現実的な選択だと思います。グランドピアノはもちろん、アップライトピアノ（縦型のアコースティックピアノ）などと比較しても軽量なため、床の補強が不要ですし、ボリュームも自由自在なので防音室へのリフォームも不要。さらに、ヘッドフォンを利用して誰にも迷惑をかけずに好きなだけ練習できる、といった電子ピアノならではの利点は、何物にも代えがたい魅力と言えます。

　もちろんプロのピアニストたちから、"アコースティックピアノ特有の鍵盤のタッチが得られない"とか"電子ピアノのサウンドには共振・共鳴によるふくよかさが欠けている"などと言われているのも事実ですが、最近の電子ピアノでは従来弱点とされてきたこれらの部分に対する大幅な改善が見られますから、この本を読んでくださっているみなさんはそこまで気にする必要はありません。

　ただし家電量販店などで売られている電子ピアノの中には、ペダルが省略されていたり、同時発音数が少なかったり、鍵盤数が88健でない製品もありますので、ピアノとしての基本的なスペックのチェックだけは怠りなく行うようにしてください。

ピアノとしての基本的なスペックを満たしている製品を選びましょう（写真はYAMAHA CLP-575）

第2章

いろんなドレミを弾こう

第1章ではピアノの特性を知るために人差し指だけで鍵盤を弾いてもらいましたが、ここからは左右の5本の指を使って鍵盤を弾くことにトライしていきます。指を動かせるようになるのが目的ですから、最初はどれだけゆっくり弾き始めてもOK。しかも楽譜は出てきません。気楽にいきましょう。

この章の内容

- **4** ドレミファソを弾いてみよう ……………………… 22
- **5** ソファミレドを弾いてみよう ……………………… 24
- **6** ドレミファソラシドを弾いてみよう ……………… 26
- **7** ドシラソファミレドを弾いてみよう ……………… 28
- **8** 隣り合った鍵盤を交互に弾いてみよう ………… 30
- **9** 間を空けた鍵盤を交互に弾いてみよう（右手）… 32
- **10** 間を空けた鍵盤を交互に弾いてみよう（左手）… 34
- ピアノの素朴な「？」に答えるQ＆A ……………… 36

レッスン 4 ドレミファソを弾いてみよう

キーワード🔑 ドレミファソの運指

ここでは両方の手の5本指を順番に動かして"ドレミファソ"を弾いてみましょう。レッスン3で覚えてもらったドの鍵盤から右に向かって1つずつ隣の白鍵を弾いていくと"ドレミファソ"になります。なお、右手はレッスン3で出てきた中央のド、左手は左から数えて3つ目のドから弾き始めてください。

第2章 いろんなドレミを弾こう

① 右手でドレミファソを弾いてみましょう

◆ドの基本ポジション（右手）

❶中央のド（左から4つ目のド）に右手の親指を置きます

中央のドが右手のドの基本ポジションになります

❷残りの人差し指から小指までを、ドの右隣の白鍵から順番に置いていきます

❸親指から小指に向かって順番に鍵盤を弾いていきます

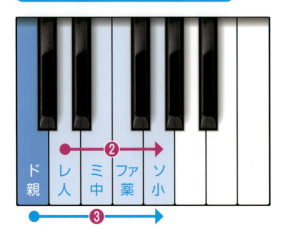

22 | できる

② 左手でドレミファソを弾いてみましょう

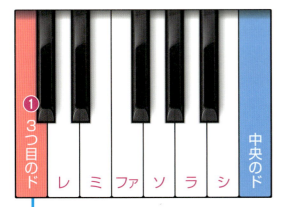

❶ 左から3つ目のドに左手の小指を置きます

左から3つ目のドが左手のドの基本ポジションになります

❷ 残りの薬指から親指までを、ドの右隣の白鍵から順番に置いていきます

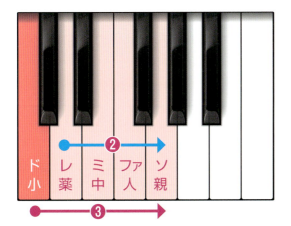

❸ 小指から親指に向かって順番に鍵盤を弾いていきます

③ 両手でドレミファソを弾いてみましょう

どちらかの手だけが速くなったり遅くなったりしないように注意しながら、左右同時に"ドレミファソ"と弾きます

 終わり

レッスン5 ソファミレドを弾いてみよう

キーワード ソファミレドの運指

ここでは両方の手の5本指を順番に動かして"ソファミレド"を弾いてみましょう。レッスン4で覚えてもらった指の動き（運指と呼びます）のスタートを逆にして弾いていくと"ソファミレド"になります。慣れてきたらレッスン4での運指と組み合わせて"ドレミファソ、ソファミレド"と弾いてみてください。

① 右手でソファミレドを弾いてみましょう

◆ドの基本ポジション（右手）

❶中央のド（左から4つ目のド）に右手の親指を置きます

中央のドが右手のドの基本ポジションになります

❷残りの人差し指から小指までを、ドの右隣の白鍵から順番に置いていきます

❸小指から親指に向かって順番に鍵盤を弾いていきます

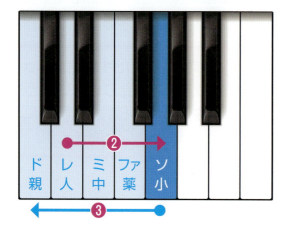

② 左手でソファミレドを弾いてみましょう

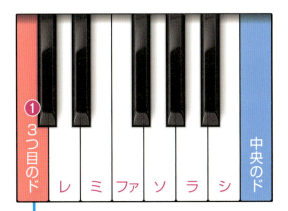

❶左から3つ目のドに左手の小指を置きます

左から3つ目のドが左手のドの基本ポジションになります

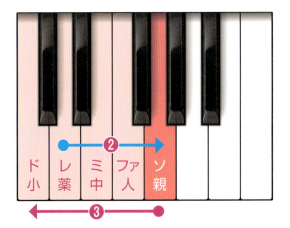

❷残りの薬指から親指までを、ドの右隣の白鍵から順番に置いていきます

❸親指から小指に向かって順番に鍵盤を弾いていきます

③ 両手でソファミレドを弾いてみましょう

どちらかの手だけが速くなったり遅くなったりしないように注意しながら、左右同時に"ソファミレド"と弾きます

 終わり

レッスン6 ドレミファソラシドを弾いてみよう

キーワード 🔑 指くぐりと指またぎ

"ドレミファソ"の5つの音を5本の指で弾くのは意外と簡単でしたよね。でも"ドレミファソラシド"の8つの音を5本の指で弾くとなると指が足りなくなりますから、途中で"指くぐり"や"指またぎ"という技術が必要になります。これ、左右の手で切り替えのタイミングや運指が違うので、少々やっかいです。

第2章 いろんなドレミを弾こう

① 右手でドレミファソラシドを弾いてみましょう

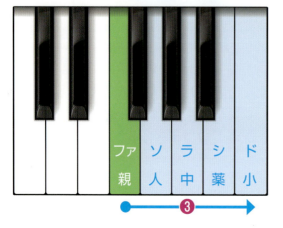

❶ 中央のド（左から4つ目のド）に右手の親指を置き、親指から中指までを使って順番に"ドレミ"と弾きます

❷ 中指の下をくぐらせるようにして（これが"指くぐり"）、親指でファの音を弾きます

❸ 残りの人差し指から小指を使って"ソラシド"と弾きます

② 左手でドレミファソラシドを弾いてみましょう

❶ 左から3つ目のドに左手の小指を置き、小指から親指までを使って順番に"ドレミファソ"と弾きます

❷ 親指の上をまたぐようにして（これが"指またぎ"）、中指でラの音を弾きます

❸ 残りの人差し指と親指を使って"シド"と弾きます

③ 両手でドレミファソラシドを弾いてみましょう

"指くぐり"と"指またぎ"の際に、一方の指の動きにもう一方の指の動きがつられないように注意しながら、左右同時に"ドレミファソラシド"と弾きます

レッスン7 ドシラソファミレドを弾いてみよう

キーワード 指くぐりと指またぎ

"指くぐり"と"指またぎ"はやっかいですが、最も合理的な運指でもあります。ということでレッスン7ではレッスン6の逆"ドシラソファミレド"の練習を行います。ここをおろそかにして自己流の指グセをつけてしまうと、あとあと矯正するのがホントに大変ですから、ややこしさに負けず必ずモノにしましょう。

① 右手でドシラソファミレドを弾いてみましょう

◆指またぎ

❶ 左から5つ目のドに右手の小指を置き、小指から親指までを使って順番に"ドシラソファ"と弾きます

❷ 親指の上をまたぐようにして(指またぎ)、中指でミの音を弾きます

❸ 残りの人差し指と親指を使って"レド"と弾きます

② 左手でドシラソファミレドを弾いてみましょう

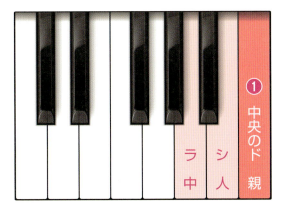

❶ 中央のド（左から4つ目のド）に左手の親指を置き、親指から中指までを使って順番に"ドシラ"と弾きます

❷ 中指の下をくぐらせるようにして（指くぐり）、親指でソの音を弾きます

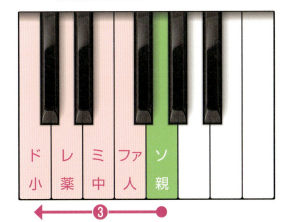

❸ 残りの人差し指から小指を使って"ファミレド"と弾きます

③ 両手でドシラソファミレドを弾いてみましょう

"指くぐり"と"指またぎ"の際に、一方の指の動きにもう一方の指の動きがつられないように注意しながら、左右同時に"ドシラソファミレド"と弾きます

レッスン8 隣り合った鍵盤を交互に弾いてみよう

キーワード ドレレドの運指

ここでは2本の指を使って隣り合った鍵盤を交互に弾く"ドレレド"の運指を練習してみましょう。と言っても、それだけでは簡単すぎますから、"ドレレド"の運指だけでなく"レミミレ"、"ミファファミ"、"ファソソファ"と指を変えての運指もマスターしていただきます。ちょっとスパルタな感じですみません。

第2章 いろんなドレミを弾こう

① 右手でドレレドを弾いてみましょう

中央のド（左から4つ目のド）に右手の親指を置き、親指と人差し指を使って"ドレレド"と弾きます

② 右手でレミミレ以降を弾いてみましょう

人差し指と中指を使って"レミミレ"と弾きます

中指と薬指を使って"ミファファミ"と弾きます

薬指と小指を使って"ファソソファ"と弾きます

薬指と小指は力が入りにくいので弱く弾きがちですが、他の指で弾くときと同じくらいの音量が出せるようになるまで練習してください

❸ 左手でドレレド以降を弾いてみましょう

左から3つ目のドに左手の小指を置き、小指と薬指を使って"ドレレド"と弾きます

左手でもやっぱり薬指と小指は力が入りにくいので、他の指で弾くときと同じくらいの音量が出せるようになるまで練習あるのみ！です

右手のときと同様に、指を変えながら"レミミレ"以降を弾いていきます

それぞれの指で弾けるようになったら、左右とも"ドレレド"から続けて弾いてみましょう

終わり

レッスン9 間を空けた鍵盤を交互に弾いてみよう（右手）

キーワード ドミミドの運指

ここまではずっと隣り合った鍵盤を弾いてきましたが、第2章の最後は"ドミミド"のように間を空けた鍵盤の運指への挑戦です。同じ鍵盤を違う指で弾くケースも含めて紹介しますから、まずは右手での運指をマスターしてください。実際に弾いてみると今回は意外とやさしいかもしれませんよ。

第2章　いろんなドレミを弾こう

① 右手でドミミドを弾いてみましょう

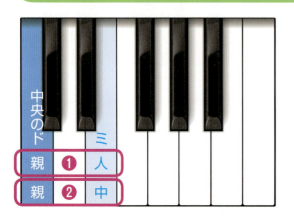

❶ 中央のド（左から4つ目のド）に右手の親指を置き、親指と人差し指を使って"ドミミド"と弾きます

❷ 今度は親指と中指を使って"ドミミド"と弾きます

② 右手でドファファドを弾いてみましょう

❶ 中央のドに右手の親指を置き、親指と中指を使って"ドファファド"と弾きます

❷ 今度は親指と薬指を使って"ドファファド"と弾きます

❸ 右手でドソソドを弾いてみましょう

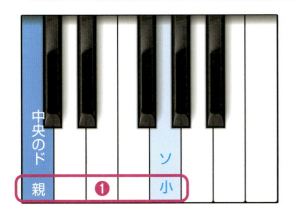

❶ 中央のドに右手の親指を置き、親指と小指を使って"ドソソド"と弾きます

❷ 今度は左から5つ目のドに右手の小指を置き、小指と中指を使って"ドソソド"と弾きます

 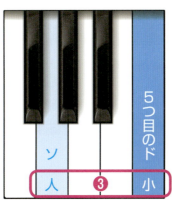

❸ 同じ鍵盤を小指と人差し指を使って"ドソソド"と弾きます

ヒント

　中央のドと左から5つ目のドを同時に弾いてみると完全に混じり合った1つの音に聞こえます。また、中央のドと左から3つ目のドを同時に弾いても同様に完全に混じり合った1つの音に聞こえます。

　この"ドレミファソラシド"の最初のドと最後のドの関係をオクターブ（意識高い系っぽく言い換えると"完全8度音程"）と呼びます。なお、オクターブはドとドだけではなく、"レミファソラシドレ"や"ミファソラシドレミ"のように、ドからシの各音で成立します。

 終わり

レッスン 10 間を空けた鍵盤を交互に弾いてみよう（左手）

キーワード　ドミミドの運指

レッスン9の右手による"ドミミド"の運指と違い、多くの人にとって利き手でない左手の、しかも普段細かい作業に使うことの少ない小指と薬指に負担がかかるので、なかなかの難関になります。ここでも同じ鍵盤を違う指で弾くケースも含めて紹介しますから、音量にばらつきが出ないように気を配ってください。

① 左手でドミミドを弾いてみましょう

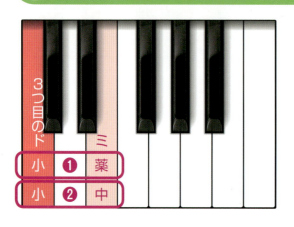

❶左から3つ目のドに左手の小指を置き、小指と薬指を使って"ドミミド"と弾きます

❷今度は小指と中指を使って"ドミミド"と弾きます

② 左手でドファファドを弾いてみましょう

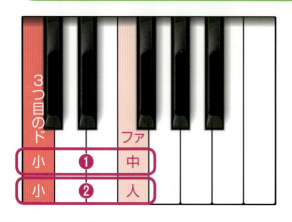

❶左から3つ目のドに左手の小指を置き、小指と中指を使って"ドファファド"と弾きます

❷今度は小指と人差し指を使って"ドファファド"と弾きます

③ 左手でドソソドを弾いてみましょう

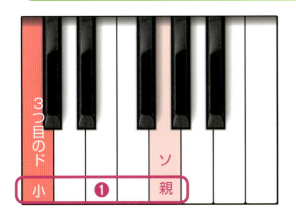

❶ 左から3つ目のドに左手の小指を置き、小指と親指を使って"ドソソド"と弾きます

❷ 今度は中央のド（左から4つ目のド）に左手の親指を置き、親指と人差し指を使って"ドソソド"と弾きます

❸ 同じ鍵盤を親指と中指を使って"ドソソド"と弾きます

ヒント

　普段あまり使わない左手の小指や薬指なので、ここでのトライアルはあんまり根を詰めて頑張りすぎないようにしてください。もし腱や下腕に違和感を覚えたら明らかにオーバーワークですので、その日の練習はそこまでにしておきましょう。
　前日どうしてもうまく弾けなかった運指に翌日もう一度トライしたら、なぜか一晩寝てる間に弾けるようになっていた……という"ピアニストあるある"もあるくらいです。締め切りがあるわけじゃないんですから、あせらない、あせらない。

 終わり

ピアノの素朴な「?」に答える Q&A

Q ドレミ？ イロハ？？ ABC？？？

A クラシック以外ではさすがにイロハは見かけませんがドレミとABCの関係は覚えておきましょう

　音名について当たり前のようにドレミファソラシド（実はこれはイタリア語読みです）と言ってきましたが、日本式の呼び方ではハニホヘトイロになります。いろは47（48）字を今の子供たちが知っているかどうかあやしいもんですが、日本のクラシック界では「フーガ ト短調 BWV 578」のように、日常的に使用されています。

　日本のジャズ界やロック、ポップス界を含め、世界的にはCDEFGABというアルファベットで音名を表すのが一般的です。クラシックの世界でも「G線上のアリア」などのように使用されています。なお、普通は英語読みのC／シー、D／デー、E／イーを用います。でも中にはドイツ語読みのC／ツェー、D／デー、E／エーを使いたがる人がいて、それはそれでかまわないのですが、英語読みのA／エーとドイツ語読みのE／エーなどが、とかく紛らわしいので、本書ではイタリア語読みと英語読みの両方をオススメしておきます。

　下の表に各語での音名の呼び方をまとめましたので、練習の合間にじっくり眺めて、ドレミと英語読みの音名の対応を頭に入れてください。第7章「コード譜に合わせて弾こう」のところできっと役立ちますよ。

各語での音名対応表

イタリア語音名	ド	レ	ミ	ファ	ソ	ラ	シ
英語音名	C	D	E	F	G	A	B
	シー	デイー	イー	エフ	ジー	エー	ビー
ドイツ語音名	C	D	E	F	G	A	H
	ツェー	デー	エー	エフ	ゲー	アー	ハー

第3章

楽譜と仲良くなろう

楽譜は万国共通語で書かれた演奏用のロードマップです。普段使っているアイウエオではなく、オタマジャクシで書き表されるため一見難しそうですが、シンプルな文法に則っているので解読は意外と簡単なんですよ。

この章の内容

- ⑪ 五線と鍵盤の対応を学ぼう ・・・・・・・・・・・・・・・・・・ 38
- ⑫ 記号の意味を学ぼう ・・・・・・・・・・・・・・・・・・・・・・・・ 40
- ⑬ 音符や休符の種類と長さの関係を学ぼう ・・・・・・・ 42
- ⑭ 連符の種類と長さの関係を学ぼう ・・・・・・・・・・・・・ 44
- ⑮ 拍子の成り立ちを学ぼう ・・・・・・・・・・・・・・・・・・・・ 46
- ⑯ 2、3、4拍子以外の拍子の成り立ちを学ぼう ・・・・ 48
- ⑰ ♯（シャープ）や♭（フラット）の意味を学ぼう ・・・・ 50
- ⑱ 強弱や速度、奏法指示の意味を学ぼう ・・・・・・・・・ 52
- ⑲ 反復記号の意味を学ぼう ・・・・・・・・・・・・・・・・・・・・ 54
- ⑳ 指番号やペダル記号の意味を学ぼう ・・・・・・・・・・・ 56
- ピアノの素朴な「？」に答えるQ＆A ・・・・・・・・・・・・・ 58

レッスン11 五線と鍵盤の対応を学ぼう

キーワード 🔑 五線と鍵盤の対応

一般的に使用される楽譜、いわゆる五線譜とは、等間隔に引かれた5本の横線（五線と呼びます）とオタマジャクシの形をした音符を使って、音の高さと長さを書き表したものと言えます。ここでは楽譜の文法解説の手始めとして"楽譜に示された音の高さがピアノの鍵盤のどこに該当するか"を説明しましょう。

第3章 楽譜と仲良くなろう

オタマジャクシの頭の位置で音の高さが決まります

●符頭が上にいくほど高い音、下にいくほど低い音を表します

五線の上に書かれた音符の、ちょうどオタマジャクシの頭に当たる部分を"符頭"と呼び、楽譜では五線上での符頭の上下位置によって音の高さを表します。見た目どおり、上になるほど高い音（より右側の鍵盤）、下になるほど低い音（より左側の鍵盤）を弾くことになります。

なお、五線の左端にあるのはト音記号やヘ音記号と呼ばれるもので、ピアノを弾く分には、"ト音記号がついている五線は右手で弾くパート、ヘ音記号がついている五線は左手で弾くパート"くらいに思ってもらえればOKです（レッスン12でもう少しだけ詳しく解説します）。

◆ト音記号
ピアノ用の楽譜ではほとんどの場合右手で弾くパートに使用されます

◆ヘ音記号
ピアノ用の楽譜ではほとんどの場合左手で弾くパートに使用されます

中央のドを表す音符の上下位置を覚えましょう

●ト音記号とヘ音記号では書かれる位置が違うので要注意

右手の基本ポジションとなる中央のドは、ト音記号がついている五線では、いちばん下の線の下に1本の線を加え、その線が符頭の上下の真ん中になる位置に書かれます。

また、ヘ音記号がついている五線上では、いちばん上の線の上に1本の線を加えて、その線が符頭の上下の真ん中になる位置に書かれます。同じ高さの音でも書かれる位置が違うので要注意。

ちなみに左手の基本ポジションとなる左から3つ目のドは、上から3本目の線と4本目の線の間に書かれます。

音の高さを5本の線だけでは表せないときに、五線の上下に書き加えられる線を"加線"と呼んでいます。鍵盤の左右の端になればなるほど、その音を表すためにたくさんの加線が必要になります。

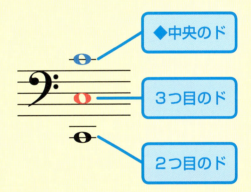

① 鍵盤と音符の上下位置の対応表

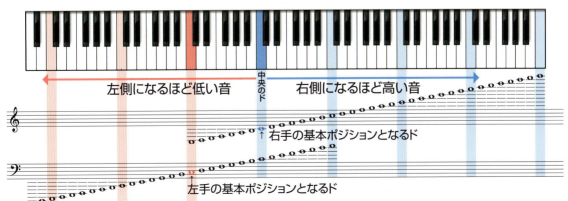

終わり

レッスン 12 記号の意味を学ぼう

キーワード　音部記号　拍子記号　小節線

楽譜には音符以外に必ず表記される記号があります。レッスン11にも出てきたト音記号やヘ音記号もその1つですし、その曲の拍子を表す拍子記号や小節を区切るための小節線なども、通常の楽譜などには不可欠の要素と言えます。ここでは、楽譜の文法の基礎となるこれらの記号表記の意味を説明しましょう。

ト音記号とヘ音記号が別々に存在する理由

●音符の高さを判別しやすくするために役割を分担しています

　ト音記号やヘ音記号のことを"音部（おんぶ）記号"と呼びます。レッスン11の中で"同じ高さの音でもト音記号の五線上とヘ音記号の五線上では書かれる位置が違うので要注意"と書きましたが、そもそも何でわざわざ別の音部記号が用意されているのでしょう？　その答えはとても明快で"音符の高さを判別しやすくするため"です。

　たとえば、左から3つ目のドをト音記号の五線上に書き表すと4本の加線が必要になりますし、左から2つ目のドを書き表すならば8本の加線が必要になります。どうです？　こんな感じで音符がたくさん書かれたピアノの楽譜は読みにくいですよね。そうならないように、高めの音域の音符を書くときはト音記号、低めの音域の音符を書くときはヘ音記号というように役割を分担したわけです。ト音記号を高音部記号、ヘ音記号を低音部記号と呼ぶのも、そのためです。

　ピアノの場合はちょうど右手が高めの音域、左手が低めの音域を受け持つことになりますから、そういうこともあって、レッスン11でピアノを弾く分には"ト音記号がついている五線は右手で弾くパート、ヘ音記号がついている五線は左手で弾くパート"くらいに思ってもらえればOKと書いたのでした。

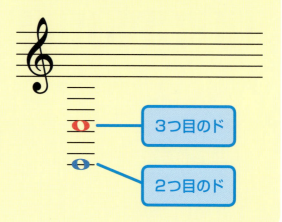

3つ目のド

2つ目のド

拍子記号は何を意味しているのでしょう？

●1小節の長さを音符の種類と数で表しています

拍子記号は1小節の長さを音符の種類と数で表したものです。たとえば4/4と書かれた拍子記号を解読すると"この曲の1小節は4分音符4つ分の長さです"という意味になります。分母が音符の種類を示し、分子で音符の数＝1小節の長さを表します。

拍子記号はたいてい楽譜の1小節目だけに書かれ、以降は曲の最後までその指示を保持するのがお約束です。また、曲の途中で拍子が変わるときは、変わり目の小節に再度新しい拍子の指示が書き込まれ、その小節以降、曲の最後まで新しい拍子を保持することになります。なお、4分の4拍子の場合は𝄴と略記されることもあります。

どちらも同じ4分の4拍子を表します

小節線の微妙な違いにご注目

●小節線には意味の違いによって3種類あります

小節を区切るのが小節線の役割ですが、よく見ると微妙に違いがあります。通常の1本線で書かれた小節線は"縦線（じゅうせん）"と呼ばれています。普通の小節区切りとして使われます。

曲の途中でときどき出てくる2本線で書かれた小節線は"複縦線"と呼ばれるものです。たとえばこの小節の最後でイントロが終わり、次の小節から平ウタが始まるようなケースでは複縦線を使って、段落が変わることを表します。

3つ目は細めと太めの2本線で書かれた小節線です。普通は曲の最後にしか出てこないことからわかるように、これは終止線と呼ばれるもので、文字どおり曲の終わりの小節を意味します。

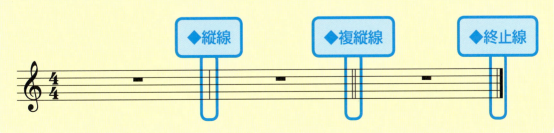

レッスン13 音符や休符の種類と長さの関係を学ぼう

キーワード　音符　休符　付点

音符のオタマジャクシには、しっぽの有無やしっぽの先の飾りの数による種類の違いがあります。この見た目の違いで音の長さを表現しているわけです。同様に、音符と音符の隙間（弾かない部分）を表すための休符にも、長さごとに表記の違いがあります。ここでは、音符や休符の長さの法則性を説明しましょう。

音符の長さと表記の法則性

●長→短に向かってどんどん半分の長さになっていきます

音符の長さでいちばん長いのは全音符と呼ばれるしっぽのない音符です。他の音符に比べると白抜きで横長に大きく書かれ、4分音符4つ分の長さを表します。次に長いのが2分音符で、これにはしっぽがありますが、符頭が白抜きで書かれます。これは全音符の半分＝4分音符2つ分の長さを表します。

2分音符の半分の長さが4分音符です。符頭が黒く、しっぽの先に飾りがつきません。以下、黒い符頭に、飾りが1本書き加えられた8分音符→飾りが2本になった16分音符→飾りが3本になった32分音符と、どんどん半分ずつの長さになっていきます。また、8分音符より短い音符が続く場合は、飾りを線に変え、複数をつなげて♫のように表記する（連桁と呼びます）ことが一般的です。

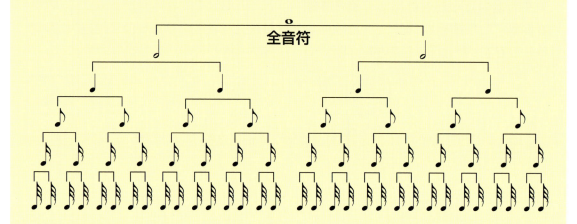

休符の長さと表記の法則性

●休符も長→短に向かってどんどん半分の長さになっていきます

休符の長さで最も長いものを全休符と呼びます。黒い長方形の上辺を上から2本目の線にくっつけるように書かれ、4分休符4つ分の長さを表します。次に長いのが2分休符で、黒い長方形の下辺を上から3本目の線にくっつけるように書かれます。これは全休符の半分＝4分休符2つ分の長さを表します。2分休符の半分の長さが4分休符です。なんとなくモミジの種に似た形になっています。

以下、ちょっと形を形容しがたいので、下の図を参照してほしいのですが、音符のときと同様、ひげみたいな飾りが1つずつ増えるごとに8分休符→16分休符→32分休符と、どんどん半分ずつの長さになっていきます。

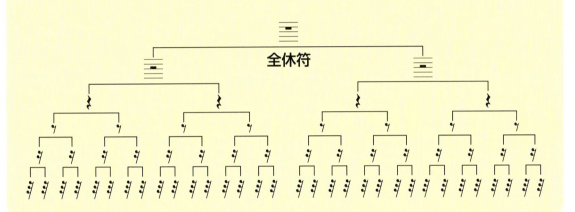

付点の長さの法則性

●音符や休符のうしろに点がつけられていたら長さは1.5倍になります

音符や休符のすぐうしろにつけられる黒い点のことを"付点"と呼びます。この記号がつけられている付点音符や付点休符は、本来の長さにその音符や休符の長さの半分の長さが加算されます。たとえば付点4分音符は4分音符＋8分音符の長さになります。つまり本来の1.5倍の長さになるわけです。

また、付点が2つつけられた音符もあります。この場合は"複付点"と呼ばれ、通常の付点の半分の長さがさらに加算されます。たとえば複付点4分音符では、4分音符＋8分音符＋16分音符の長さ＝本来の1.75倍の長さになります。

終わり

レッスン14 連符の種類と長さの関係を学ぼう

キーワード 🔑 連符

音符には4分音符＝8分音符×2のように2倍したり、2で割り切れる関係以外に、1つの音符を3つや5つ、7つなどに分割した長さを表すものもあります。このタイプの音符を"連符"と呼び、分割数が3つなら3連符、5つなら5連符、7つなら7連符という言い方をします。連符の書き方にも法則性があります。

連符の長さと表記の法則性

● 連符は元になる音符の半分や4分の1の長さの音符で表記します

3連符は便宜上、元になる音符の半分の音符を使って表記され、3つの音符の真ん中に3の数字が書き加えられます。

5連符や7連符は、元になる音符の4分の1の長さの音符を使って表記され、5つの音符の真ん中に5、7つの音符の真ん中に7の数字が書き加えられます。

数字はオタマジャクシのしっぽの向きに関係なく音符の上に書かれ、ひと組の連符をカギでくくって「3」のように表示されることが多いのですが、数字が音符の下に書いてあっても、カギでくくられていなくても意味は変わりません。

また連符でもしっぽの先に飾りのついた音符が続く場合は、飾りを線に変え、連桁を使って表記します。

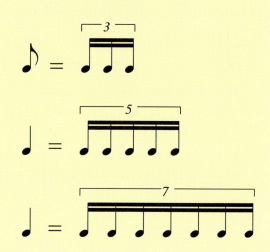

第3章 楽譜と仲良くなろう

連符の場合の特殊な休符の解釈について

●連休符は元になる音符の半分や4分の1の長さの休符で表記します

たとえば4分音符の長さを3分割した3連符のうちどれかの音符を休符にする場合、楽譜には8分休符で表記されます。でも8分休符は4分休符の半分の長さであって、ここで必要とされるのは4分休符の3分の1の長さの休符のハズ。

まあ、理屈はそうなのですが、楽譜の約束事として、この場合の連符の中に含まれる休符は4分休符の3分の1の長さを意味することになっています。もちろんこれが8分音符の長さを3分割した3連符内の休符だったら16分休符で書かれますし、4分音符を5分割した5連符や7連符では16分休符で表記されます。

要するに、連符内で休符を用いる場合は、連符で使用している音符の長さに相当する休符を使って表記するのが楽譜のルールというわけです。

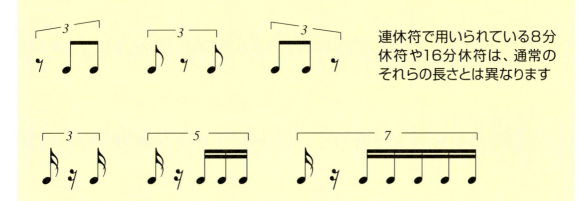

連休符で用いられている8分休符や16分休符は、通常のそれらの長さとは異なります

ヒント

楽譜の冒頭に連桁でつながれた8分音符と3連符が"＝"で結ばれている指示が書き込まれていることがあります。これは、"この楽譜では、連桁の右側に書かれているタイミングの8分音符は、3連符の3つ目の音符のタイミングで弾いてください"という指示になります。

楽譜にこの指示があったときは、楽譜

上に8分音符で"タ・タ"と書かれていても、実際には3連符で"タン・タ（左）"や"タッ・タ（右）"になるように演奏しましょう。

レッスン 15 拍子の成り立ちを学ぼう

キーワード　拍子の成り立ち

"拍子"は、拍の集まりに現れる区切り感を意味する言葉として使われます。曲のリズムは、この区切り感の周期的な繰り返しによって生じます。区切り感は拍の強弱によって表現され、便宜上の表現として、強めに打つ拍を強拍、弱めに打つ拍を弱拍と呼んでいます。代表的なものに2拍子、3拍子、4拍子があります。

第3章　楽譜と仲良くなろう

2拍子の成り立ち

● "強拍→弱拍" が周期的に繰り返される拍子です

"強拍→弱拍" のパターンを周期的に繰り返すのが2拍子のリズムです。

日頃よく目にするのは4分の2拍子で、この場合、4分音符を1つの拍の長さとする2拍子ということになります。文字にすると"タン（強拍）・タン（弱拍）｜タン・タン｜タン・タン｜タン・タン"ですね。マーチ曲がまさにこの4分の2拍子の代表です。バリエーションとして2分音符を1つの拍とする2分の2拍子もありますが、クラシック以外の曲では滅多に見かけません。

4分の2拍子

ヒント

強拍と弱拍の位置が入れ替わっても拍子自体は変わりません。たとえば"タン（弱拍）、タン（強拍）"のパターンを周期的に繰り返したとしても、やはりそれは4分の2拍子になります。他の拍子での強拍と弱拍の位置の入れ替わりにも同じことが言え、結局、何拍ごとに強拍になるかで拍子が決まるわけです。

3拍子の成り立ち

● "強拍→弱拍→弱拍" が周期的に繰り返される拍子です

"強拍→弱拍→弱拍" のパターンを周期的に繰り返すのが3拍子のリズムです。4分の3拍子の場合、4分音符を1つの拍の長さとする3拍子ということになり、文字にすると "タン(強拍)・タン(弱拍)・タン(弱拍) | タン・タン・タン | タン・タン・タン | タン・タン・タン" となります。そう、ワルツ曲がまさにこの4分の3拍子の代表ですね。バリエーションとして8分の3拍子や2分の3拍子もありますが、これらもクラシック以外の曲ではほとんど使われません。

4分の3拍子

4拍子の成り立ち

● "強拍→弱拍→やや強拍→弱拍" が周期的に繰り返される拍子です

"強拍→弱拍→やや強拍→弱拍" のパターンを周期的に繰り返すのが4拍子のリズムです。2拍子の繰り返しと違うのは3拍目が "やや強拍" となっているところで、4分音符を1つの拍の長さとする4拍子が、おなじみの4分の4拍子。文字にすると "タン(強拍)・タン(弱拍)・タン(やや強拍)・タン(弱拍) | タン・タン・タン・タン | タン・タン・タン・タン | タン・タン・タン・タン" となります。また "強拍→弱拍→弱拍→弱拍" のパターンを繰り返す場合も、4拍子に含まれます。

4分の4拍子

🏁 終わり

レッスン 16 2、3、4拍子以外の拍子の成り立ちを学ぼう

キーワード 複合拍子　混合拍子

レッスン15ではベーシックな3種類の拍子の成り立ちを紹介したので、ここでは別の拍子の成り立ちにも触れておきましょう。普段意識することは少ないと思いますが、ロックやポップスなどでは8分の6拍子や8分の12拍子の使用頻度が意外と高いため、若干ややこしいとは言えしっかり把握しておいてください。

6拍子、9拍子、12拍子の成り立ち

● 付点音符を基準にした2拍子、3拍子、4拍子の別名と言えます

8分の6拍子は付点4分音符を1拍とする2拍子のことです。でも、だからといって"これを付点4分分の2拍子と呼ぶのはどうなんだろう。そもそも拍子記号にどう書けばいいの?"となったため、付点4分音符の長さを8分音符に換算して、1小節の長さが8分音符6拍分となる拍子＝8分の6拍子と呼ぶようになりました。8分の9拍子や8分の12拍子も成り立ちは同じで、本来は付点4分音符を1拍とする3拍子だったものを、8分音符9つの長さで1小節になる拍子に換算しています。また、8分の12拍子の場合は本来付点4分音符を1拍とする4拍子だったものを8分音符12個の長さで1小節になる拍子に換算しています。

これらのような拍子を総称して"複合拍子"と呼びます。

8分の6拍子の成り立ち

このままでは1拍が付点4分音符の2拍子であることを表せないので

こういう解釈で書き表すようになりました

ヒント

8分の6拍子も4分の3拍子も、1小節の長さとしては同じになりますが、実は拍子としては大きな違いがあります。

同じフレーズを4分の3拍子と8分の6拍子で書き表した下の譜例を見比べてみましょう。4分の3拍子では強拍と弱拍の位置が"タ（強拍）、タ（弱拍）、タ（弱拍）、タ（弱拍）、タ（弱拍）、タ（弱拍)"になるのに対して、8分の6拍子では"タ（強拍）、タ、タ、タ（やや強拍）、タ、タ"となります。

ためしに強拍にアクセントをつけて唱えてみてください。8分の6拍子の方は3つの8分音符がひとかたまりになっているかのように聞こえ、明らかにノリが違うことがわかると思います。

5拍子、7拍子の成り立ち

●複数の拍子を組み合わせた拍子で、混合拍子や変拍子と呼ばれます

4分の3拍子と4分の2拍子（順番が逆の場合もあります）を組み合わせて1つの拍子としたものが4分の5拍子です。

同じように、4分の3拍子と4分の4拍子を組み合わせたものが4分の7拍子になります。また、4分の3拍子＋4分の2拍子＋4分の2拍子という成り立ちの4分の7拍子もあります。

4分の5拍子の成り立ち

16

複合拍子　混合拍子

レッスン17 ♯（シャープ）や♭（フラット）の意味を学ぼう

キーワード 変位記号　本位記号

楽譜の中には、五線の左端に♯や♭といった記号が表記されているものがあります。また小節の中にも♯や♭、♮といった記号が書き加えられているケースがあります。このうち♯と♭を"変位記号"と呼び、♮を"本位記号"と呼びます。ここでは、これら変位記号と本位記号の意味と役割について解説していきましょう。

変位記号（臨時記号）の意味と役割

● **符頭で示された本来の音の高さを、半音上下させるための記号です**

楽譜の左端に♯や♭がついていない曲は、基本的に白鍵だけで演奏することができます。では、たとえば五線のいちばん上の、ファを表す線に♯がつけられている場合、どのように演奏するのでしょう？　実はこの場合の♯は"この楽譜で使うファの音は全部本来のファより半音高い高さで弾いてください"という指示を意味しています。ピアノに置き換えると、この指示がある楽譜上にファと書かれている音符は、すべてファのすぐ右隣の鍵盤を弾くことになります。

同じように、五線の上から3番目のシの音を表す線に♭がついているときは"この楽譜上に書かれているシの音は全部本来のシより半音低い高さで弾いてください"という指示なので、この指示がある楽譜でシと書かれている音符は、すべてシのすぐ左隣の鍵盤を弾きます。

これがたとえばシとミに♭がつけられた楽譜だったら、"この楽譜で使うシとミの音は半音低い高さで弾いてください"という指示になります（♯の場合も半音上がる以外、考え方は同じです）。

このように楽譜の左側に書き込まれている♯や♭の指示は、1曲を通じてすべてのオクターブのその音に適用されます。なお、途中で指示の総入れ替えが行われる曲では、その位置に新しい♯や♭の指示が明示されます。

一方、小節の中に音符の左側に隣接して書かれる♯や♭の場合は特に"臨時記号"と呼ばれ、半音の上げ下げは同じですが、同じ小節内のその音符と同じ高さの音だけに有効な指示になります。音名が同じでも1オクターブ以上離れていたり、臨時記号がつけられた音符より左にある同じ音には適用されません。

第3章　楽譜と仲良くなろう

17 変位記号　本位記号

オクターブに関係なく、楽譜上のすべてのファの音をファ♯の音として演奏します

オクターブに関係なく、楽譜上のすべてのミとシの音をミ♭とシ♭の音として演奏します

同じ小節内の、臨時記号以降にある同じ高さのミの音だけミ♭の音として演奏します

本位記号の意味と役割

●変位記号の指示を無効にし、本来の音の高さに戻すための記号です

♮（ナチュラルと呼びます）は、変位記号や臨時記号による半音上下の指示を一時的に無効にするために使用される記号で、"本位記号"と呼ばれています。

音符の左側に隣接してこの記号が書き込まれている音符は、その小節内では以降その音本来の高さで弾きます。音名が同じでも♮がつけられた音符より1オクターブ以上離れていたり、♮より左にある同じ音には指示が適用されません。

♮がつけられている音符は、その音符本来の高さで演奏します

レッスン 18 強弱や速度、奏法指示の意味を学ぼう

キーワード　強弱記号　速度記号　奏法の指示

楽譜には、オタマジャクシだけでは表すことのできない強弱や曲の途中でのテンポ変更、それに弾き方（アーティキュレーションと呼びます）の指示が書き込まれていることがあります。これらにはたくさんのバリエーションがあるのですが、ここでは通常目にすることが多いものについて、その意味を解説します。

強弱記号の意味と役割

●記号が書き込まれた場所以降の演奏の強弱を指示しています

楽譜の中にときどき見かける f や p が強弱記号です。f は"フォルテ"と呼ばれ"ここから強く弾いてください"という指示、p は"ピアノ"と呼ばれ"ここから弱く弾いてください"という指示になります。仲間として、ff（フォルテッシモ）や fff（フォルテッシシモ）、pp（ピアニッシモ）や ppp（ピアニッシシモ）もあります。f や p の数が増えるに従って、さらに強く、または弱く弾くときの指示になります。逆に、mf（メゾフォルテ）や mp（メゾピアノ）と書かれているときは"やや強く、またはやや弱く弾いてください"という意味になります。

これらの強弱記号は、書き込まれている場所から有効になり、次に別の強弱記号が書かれている場所まで、ずっと効力を保持します。

なお、f や p とは別に、時間的な強弱の変化を指示する記号もあります。クレッシェンド（だんだん強く）は ＜、デクレッシェンド（だんだん弱く）は ＞ のように音符の上に書かれ、指示の意味と見た目が完全一致。指示の有効範囲も音符の上に書き込まれている範囲と一致するので、わかりやすいですね。

速度記号の意味と役割

●曲のテンポを指示したり、テンポを途中変更する際に使用されます

ピアノ楽譜にはたいてい楽譜の冒頭に♩=○○のように、その曲を通じてのテンポを指示する記号が書かれます。

これは4分音符を1拍として1分間に○○回打つテンポを意味し、BPM（Beat Per Minute）と呼ばれることもあります。指示されているテンポが実際にどれくらいの速さになるかはメトロノームを使えばすぐにわかります。

また曲の途中にritardando（リタルダンド）またはrit.と書かれている場合は、そこから徐々にテンポを落として演奏するようにします。

同様に、accelerando（アッチェレランド）またはaccel.と書かれている場合は、逆にそこから徐々にテンポを速めて演奏します。

a tempoは、"リタルダンドやアッチェレランドで変更されたテンポを元のテンポに戻してください"という指示です。a tempoと書き込まれた場所からは曲本来のテンポで演奏します。

奏法指示の意味と役割

●音符の弾き方の指示に使用されます

楽譜に書かれている音符の弾き方を指示した記号の代表的な例としては、符頭の上または下に"ー"が引かれたテヌートや"・"がつけられたスタッカート、アクセントなどがあります。

テヌートの指示がある音符はその音符が示している長さに忠実に演奏します（実際は次の音符との間にほんの少し間隔が空いてもかまいません）。

スタッカートの指示がある音符はその音符が示している長さの30～50%程度の長さで切るように演奏します。

アクセント記号">"がつけられた音符は、鋭く強調する感じに演奏します。

また、主に曲の最後の音符の上または下に書き込まれる⌒や⌣の記号はフェルマータと呼ばれるものです。この記号は"この音符は好きなだけ音をのばしていいよ"という指示を表しています。

奏法の指示例

レッスン 19 反復記号の意味を学ぼう

キーワード 🔑 反復記号

　一般の楽譜では、同じ演奏を繰り返す場合、反復記号を利用することで楽譜の内容を整理して表記するのが通常です。ただ、この反復記号、文法としては合理的なのですが、小節の流れがわかりづらくなるのがピアノ初心者にとってはつらいところ。ここで反復記号のルールをきちんとマスターしてしまいましょう。

縦線タイプの反復記号

●反復記号に挟まれている小節を繰り返して弾きます

　演奏の繰り返しを指示する反復記号は、終止線に似た2本の縦線の左右に"："をつけて表されます。繰り返す小節範囲の最初が𝄆、最後が𝄇になりますから、楽譜の途中に𝄇があったら、そこまで演奏したあと、もう1度𝄆から始まる小節に戻って演奏を繰り返します。ただし、楽譜の冒頭に戻って繰り返す場合は例外的に𝄆が書き込まれません。つまり、𝄇だけがあって𝄆が見つからないときは、楽譜の最初の小節に戻って演奏を繰り返すことになります。

　繰り返す回数は基本的に1回で、その後は先の小節に進んで演奏を続けますが、2回以上繰り返す必要があるときは3times Repeatのように回数を指示する書き込みが加えられます。また、繰り返しの途中で演奏内容が変わる場合は、カッコによって1回目と2回目の演奏する小節の切り替えを表します。

縦線タイプ以外の反復記号

●途中までの繰り返しや、指定した小節へのジャンプなどに利用されます

　縦線タイプの反復記号では表しきれない、ちょっと入り組んだ繰り返しの指示には、D.C.（ダカーポ）とFine（フィーネ）やD.S.（ダルセーニョ）と𝄋（セーニョ）が利用されます（P170参照）。

　また、指定した小節へのジャンプには、𝄌（ヴィーデ）とtoやCodaの文字の組み合わせが用いられます。

① 反復記号で指示された演奏の順番を理解しましょう

19

反復記号

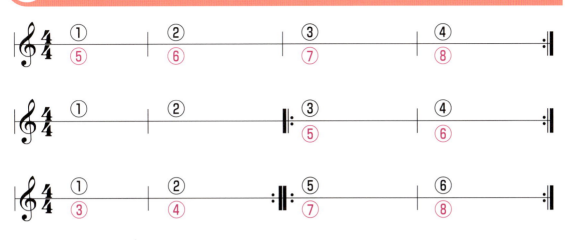

途中でFineと書かれていたら⑦と⑧は演奏しません

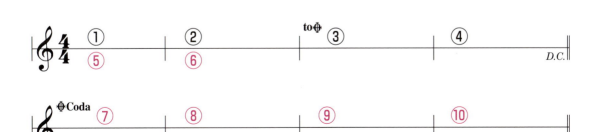

 終わり

レッスン20 指番号やペダル記号の意味を学ぼう

キーワード 指番号　ペダル記号

　ピアノ楽譜の中には、音符の上下に数字の番号が書かれたものがあります（本書でも採用しています）。これは、どの指でその鍵盤を弾くかを指示したもので す。また音符の下に 🎹 や ※ といったペダル記号が書き込まれているケースもあります。ここではこれらの記号が持つ意味を解説することにしましょう。

指番号の意味と役割

●親指から小指に向かって順番に振られた1〜5の番号です

　ピアノを上手に演奏するためには"合理的な運指"の実現がとても大事です。これができないと、次の音符へスムーズに指の移動ができなくなり、ぎくしゃくした演奏になってしまいます。

　でも、ピアノ演奏に慣れるまでは、楽譜上の音符をどの指で弾けば合理的な運指になるかを判断するのは難しいですよね。そのため、初心者用のピアノ楽譜の多くに指番号が書き加えられています。指番号は親指から小指に向かって1〜5の番号を振ったもので、その音符を弾く指を指定する、初心者にとって心強い運指ガイドの役割を果たします。

　同じフレーズでも運指1つで弾きやすさが変わりますから、指番号がついている楽譜の演奏では運指ガイドに従うようにしましょう。

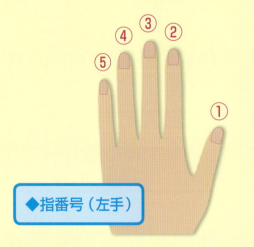
◆指番号（左手）

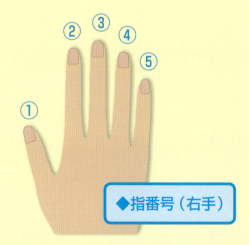
◆指番号（右手）

ペダル記号の意味と役割

●ダンパーペダルを踏む／ペダルから足を離す、を指示する記号です

弾いた音は足を離すまで次々と重なっていきます

　1度弾いた鍵盤から指を離しても、ダンパーペダルを踏んでいる間は音を持続させることができます。ピアノにはこれを実現するための驚異のメカニズムが内蔵されているのですが、複雑すぎてここでは書ききれません。興味のある人はネットなどで調べてみてください。

　余談はさておき、音符の下に 𝓟𝓮𝓭. という記号が書かれていたら、そこでダンパーペダルを踏みます。踏んでいる間に次の音符を弾いた場合、その音符の音も持続します。その状態でさらに次の音符を弾くと、その音符の音も持続します。つまりダンパーペダルを踏んでいる間に弾いた音符の音はどんどん重なっていくわけです。

　一方、※ はダンパーペダルから足を離す位置を意味する記号です。ダンパーペダルを踏むことによって重なった音が、そこで一挙に止まります。𝓟𝓮𝓭. 記号の有効範囲（踏み続けている範囲）は ※ の記号のある箇所までというのが基本ですが、𝓟𝓮𝓭. 記号が続けて書かれている場合は、右側の 𝓟𝓮𝓭. 記号の位置でダンパーペダルを踏み直すまで有効になります。

　なお、実際のピアノ演奏ではダンパーペダルを踏む／離すは演奏者の判断にまかされることが多く、"必ずここでダンパーペダルを踏んでください"や"絶対ここでダンパーペダルから足を離してください"という箇所以外、あまりこの記号が書き込まれることはありません。

終わり

ピアノの素朴な「？」に答える Q&A

Q スラーとタイの違いは何ですか？

A 音符のつながりをなめらかに演奏するのがスラー
次の音符の長さを加えて演奏するのがタイです

　楽譜には、複数の音符の上や下にそれらを結ぶように弓形の曲線が引かれている場合があります。この曲線は、右隣の音符の高さが違っているときはスラーと呼ばれ、音符の高さが同じならばタイと呼ばれます。見た目は同じようですが、指示の内容が異なり、ピアノ楽譜でのスラーは"弓形の曲線で結ばれている間の音符は前の音を目一杯のばして次の音符の音とのつながりがなめらかになるように弾いてください"という指示になります。

　タイの場合は、"弓形の曲線で結ばれた音符同士の長さを合算して演奏してください"という指示になります。たとえば、同じ高さの4分音符2つがタイで結ばれていたら4分音符＋4分音符＝2分音符の長さで演奏し、右側に位置する音符は実際には弾きません。

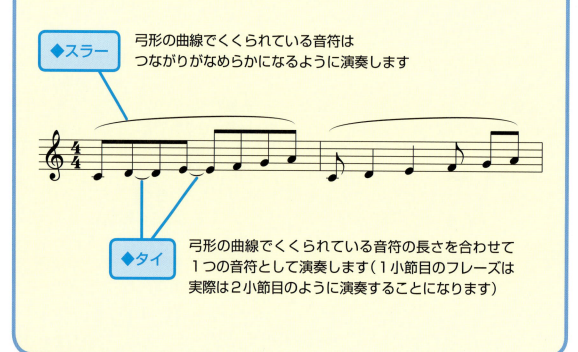

◆スラー　弓形の曲線でくくられている音符はつながりがなめらかになるように演奏します

◆タイ　弓形の曲線でくくられている音符の長さを合わせて1つの音符として演奏します（1小節目のフレーズは実際は2小節目のように演奏することになります）

第4章

楽譜に合わせて弾こう

ここからいよいよ楽譜を使った本格的なトレーニングになります。フレーズが持つ音の高さや長さ、鍵盤を弾くタイミングなどを楽譜から読み取り、その内容に合わせて弾けるようになることを目指して頑張りましょう。

この章の内容

- ㉑ 音符が混在するフレーズを弾いてみよう ・・・・・・ 60
- ㉒ 付点や休符のあるフレーズを弾いてみよう ・・・・・・ 62
- ㉓ 音が飛んでいるフレーズを弾いてみよう（右手）・・・・ 64
- ㉔ 音が飛んでいるフレーズを弾いてみよう（左手）・・・・ 66
- ㉕ 3連符のフレーズを弾いてみよう（右手）・・・・・・・・ 68
- ㉖ 3連符のフレーズを弾いてみよう（左手）・・・・・・・・ 70
- ㉗ 両手で別々のフレーズを弾いてみよう（その1）・・・・ 72
- ㉘ 両手で別々のフレーズを弾いてみよう（その2）・・・・ 74
- ㉙ 強弱の指示に従って弾いてみよう ・・・・・・・・・・・・ 76
- ㉚ 奏法の指示に従って弾いてみよう ・・・・・・・・・・・・ 78
- ピアノの素朴な「？」に答えるＱ＆Ａ ・・・・・・・・・・・・ 80

音符が混在するフレーズを弾いてみよう

キーワード 音符の長さと演奏の対応

まずは音符が混在するフレーズに対応できるようになりましょう。楽器の演奏には"口で唱えることができるリズムは必ず弾ける"という法則（？）があります

から、譜例に書き加えられているリズムパターンを"ターーン、タタタタ……"と唱え、体で覚えてしまうことがマスターへの近道です。弾くのはそれからでOK。

① 音符が混在するドレミファソラシドを弾いてみましょう

指くぐりや指またぎの箇所にも気をつけて弾きます

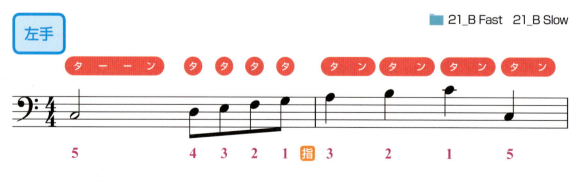

指 指くぐり　指 指またぎ

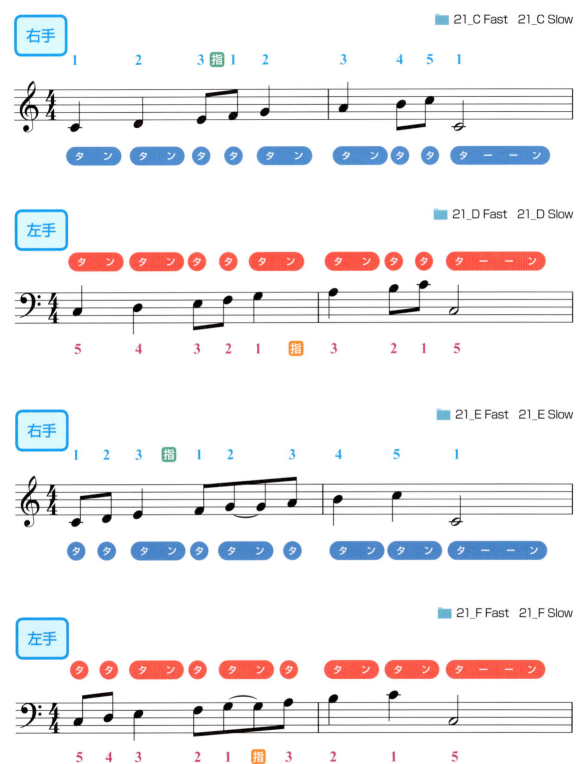

付点や休符のあるフレーズを弾いてみよう

キーワード 🔑 付点や休符と演奏の対応

実際の曲では、フレーズに付点音符や休符が含まれているものがたくさんあります。ここではそれらが混在するケースに対応できるための練習を行います。慣れないうちは付点でしっかり音をのばせなかったり、休符できちんと休む時間をキープできないことが多いので、あせらないことをモットーに演奏しましょう。

① 付点音符のあるドレミファソラシドを弾いてみましょう

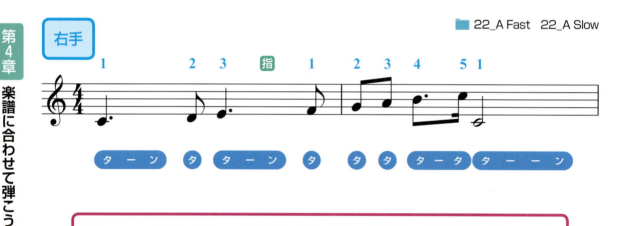

"ターン・タ"と"タータ"のリズムの違いを正しく弾き分けましょう

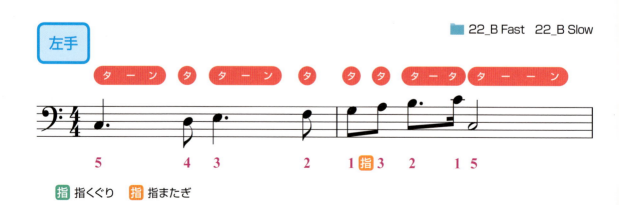

指 指くぐり　指 指またぎ

② 休符が混じったドレミファソラシドを弾いてみましょう

点線で区切って考えるとリズムが見えやすくなります

③ 付点音符と休符のあるドレミファソラシドを弾いてみましょう

 終わり

音が飛んでいるフレーズを弾いてみよう（右手）

キーワード 離れた鍵盤を弾く

レッスン21や22をクリアしたあなたを待ち構える次なる難関は、離れた位置にある鍵盤を弾く右手のトライアルです。楽譜に従って思った通りの鍵盤に指が行くようになるのが目的ですから、速く弾く必要はありません。正確に弾くことを第一に考えて、まずはゆっくりしたテンポから練習を始めましょう。

① 離れた位置にある鍵盤を弾いてみましょう

23_A Fast　23_A Slow

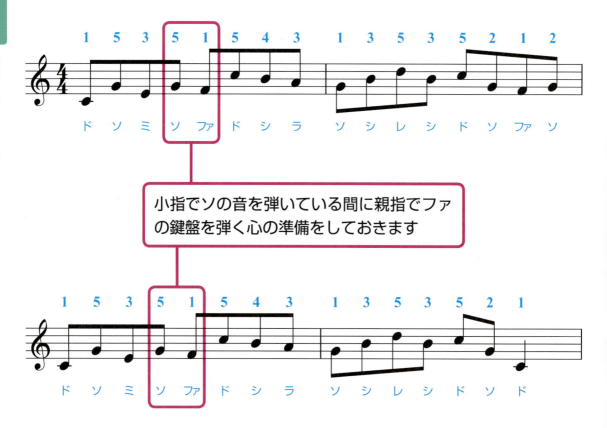

小指でソの音を弾いている間に親指でファの鍵盤を弾く心の準備をしておきます

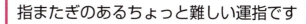

指 指またぎ

② 1オクターブ間隔でドレミファソラシドを弾いてみましょう

音が飛んでいるフレーズを弾いてみよう（左手）

キーワード 🔑 離れた鍵盤を弾く

レッスン23で練習した右手のフレーズとまったく同じフレーズを、今度は左手で弾いてみましょう。左手の小指（5の指）を左から3つ目のドに置いて弾き始めてください。初心者には右手でも難しいフレーズでしたので、左手で弾くとなるとさらに難しいとは思いますが、ここが踏ん張りどころです。ファイト！

① 離れた位置にある鍵盤を弾いてみましょう

24_A Fast　24_A Slow

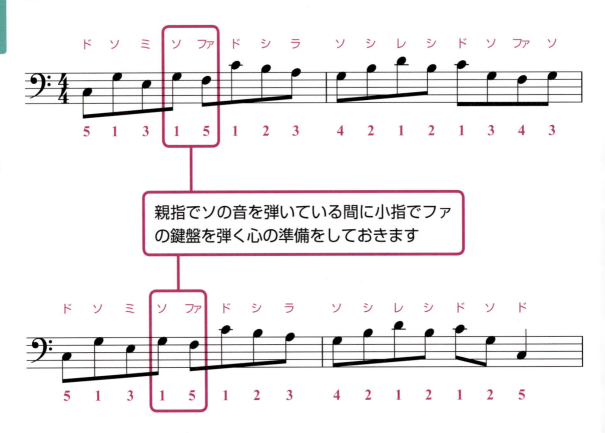

親指でソの音を弾いている間に小指でファの鍵盤を弾く心の準備をしておきます

第4章　楽譜に合わせて弾こう

難しい運指です。親指と人差し指を大きく広げましょう

指 指またぎ

② 1オクターブ間隔でドレミファソラシドを弾いてみましょう

🏁 終わり

レッスン25 ３連符のフレーズを弾いてみよう（右手）

キーワード　３連符の感覚をつかむ

　１つの音符の長さを３等分した長さの音符が３連符です。実際には１を３で割ったところで永遠に割り切れることはないので、その辺はあまり深刻に考えないでください。と言っても、あまりにアバウトな長さではリズムがおかしくなってしまいますから、演奏の際にはできるだけ３等分になるように意識しましょう。

① ３連符特有の"パンダ"感覚をつかみましょう

 真ん中に挟まれている音符を弾くタイミングが前後にずれがちです。"パーンダ"や"パンーダ"にならないように注意してください

25_A Fast　25_A Slow

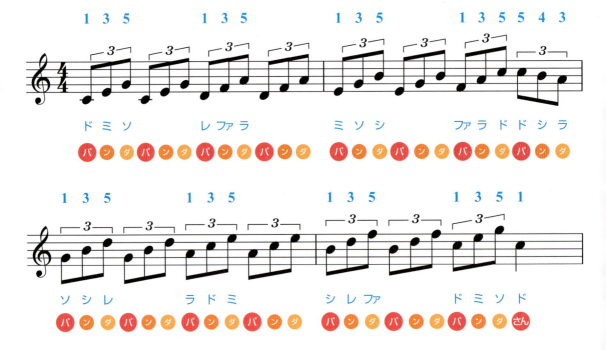

> **ヒント**
>
> 演奏の前に"パンダ・パンダ・パンダ・パンダ"と繰り返し唱えながら"パ"のところで手を叩くようにすると、3周目くらいから3連符の独特なノリの感覚がつかめてくるはずです。

② 中抜き3連の"ラッコ"感覚をつかみましょう

 3連符から真ん中に挟まれている音符を抜いた"中抜き3連"です。"ラッコ"の"コ"のタイミングが前のめりにならないよう、十分に間を取りましょう

📁 25_B Fast　25_B Slow

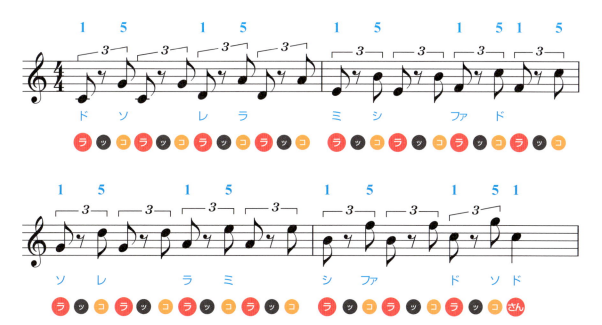

> **ヒント**
>
> こちらも演奏の前に"ラッコ・ラッコ・ラッコ・ラッコ"と繰り返し唱えながら"ラ"のところで手を叩くようにすると、3周目くらいから中抜き3連の独特なノリの感覚がつかめてくるはずです。"ラッコ"に慣れたら、休符を入れずに"ラーコ"でも弾いてみましょう。

 終わり

レッスン26 3連符のフレーズを弾いてみよう（左手）

キーワード 🔑 3連符の感覚をつかむ

レッスン25で練習した右手のフレーズとまったく同じフレーズを、今度は左手で弾いてみましょう。左手の小指（5の指）を左から3つ目のドに置いて弾き始めてください。右手の演奏で"パンダ"感覚と"ラッコ"感覚がつかめていれば、ここでの左手のトライアルは比較的すんなりクリアできると思います。

① 3連符特有の"パンダ"感覚をつかみましょう

 左手の場合も真ん中に挟まれている音符を弾くタイミングが前後にずれがちです。正しい"パンダ"感覚を意識して弾くようにしましょう

 26_A Fast　26_A Slow

第4章 楽譜に合わせて弾こう

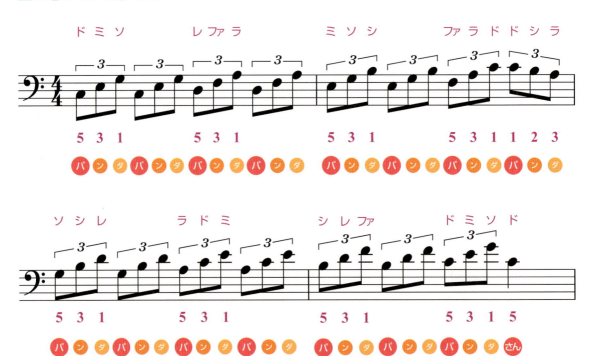

② 中抜き3連の"ラッコ"感覚をつかみましょう

 中抜き3連では左手の場合も"ラッコ"の"コ"のタイミングが前のめりにならないように気をつけてください

🟦 26_B Fast　26_B Slow

ヒント❗

レッスン21からの譜例を左右それぞれの手で弾けるようになったら、両手弾きにもトライしてみましょう。

同じフレーズを左右の手で弾くときは指の動きがなかなかそろわず、音がだぶって出てしまうものです。タイミングを一致させることに意識を集中しながら練習を重ねていってください。

また、特に長さの違う音符が混在していたり、休符を挟んだフレーズを両手で弾くときは、リズムを唱えながら弾くとタイミングを合わせやすくなります。

🏁 終わり

両手で別々のフレーズを弾いてみよう（その1）

キーワード　両手弾き

これまでは基本的に右手と左手に分けて片手弾きによる練習を行ってきましたが、ここからはいよいよピアノの王道、両手弾きへとレッスンを進めましょう。

トライアル用の譜例は2つともピアノソロで使われるベーシックな両手弾きのコンビネーションを想定したものです。同時に弾く箇所がポイントになります。

① 両手を使ってシンプルなフレーズを弾いてみましょう

📁 27_A Fast　27_A Slow

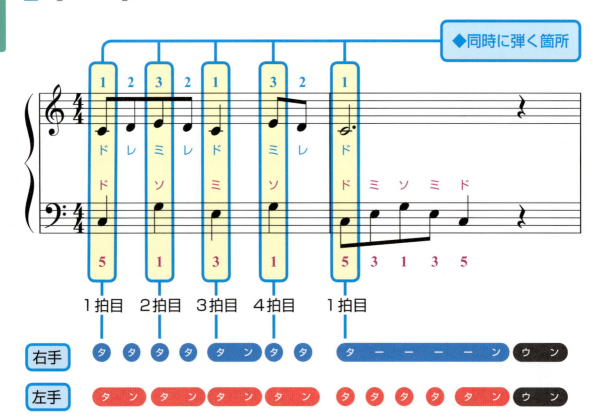

ヒント

いきなり両手で弾き始めるのではなく、まずは片手ずつしっかり練習するようにしましょう。

ヒント

"最初に左右同時に弾く箇所の音符だけを両手で弾いてみて、それがうまく弾けるようになったら、隙間を埋めるような感覚で残りの音符も合わせて弾く"という2段構えの練習が両手弾き上達への近道です。

27 両手弾き

27_B Fast　27_B Slow

"タン・ターーン・タン"のリズムをしっかり把握しましょう

指 指またぎ

終わり

両手で別々のフレーズを弾いてみよう（その２）

キーワード　両手弾き

ここではレッスン27より1歩進んだ、付点音符やタイを使用したフレーズの演奏にトライしてみましょう。楽譜からではなかなかノリのイメージをつかむのに苦労すると思いますので、練習に取り組む前に、まずはサンプルファイルの演奏を聴いて、耳でフレーズを覚えることから始めてください。急がば回れです。

１ 両手を使ってリズムのあるフレーズを弾いてみましょう

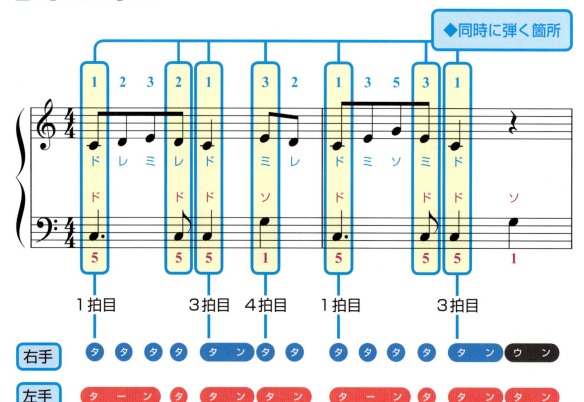

28_B Fast　28_B Slow

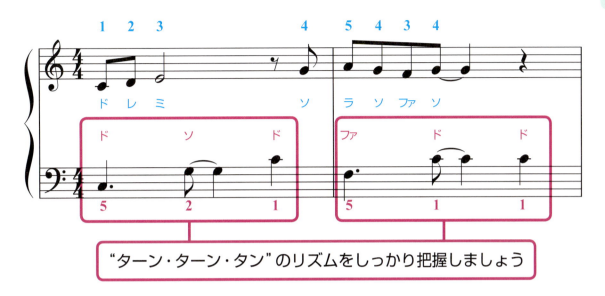

"ターン・ターン・タン"のリズムをしっかり把握しましょう

左右一緒に"タ・タ・タ・ターン"と弾きます

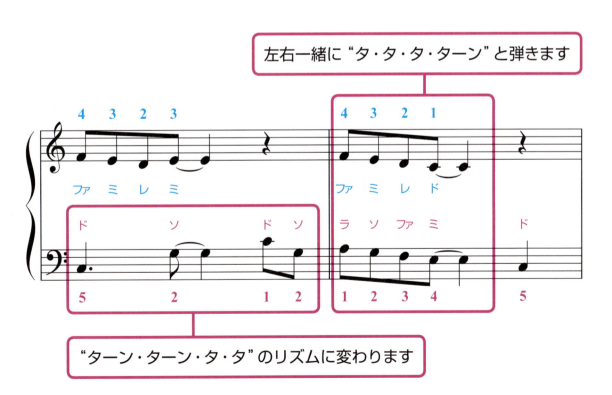

"ターン・ターン・タ・タ"のリズムに変わります

強弱の指示に従って弾いてみよう

キーワード　抑揚の表現

演奏に強弱やアクセントなどの抑揚表現が加わると、俄然上手に聞こえるようになります。ここでは同じフレーズを強弱記号やアクセントの指示に従って弾き分ける技術を身につけましょう。"記号の意味を忘れちゃった"と言う人は「強弱や速度、奏法指示の意味を学ぼう」（P52）を読み返してください。

① 強弱記号に従ってフレーズを弾いてみましょう

29_A（強弱変化なし）　29_B（強弱変化あり）

次ページへ続く

② アクセントの指示に従ってフレーズを弾いてみましょう

29_C（アクセントなし）　29_D（アクセントあり）

アクセント記号がつけられた音符だけを強く弾きます

アクセント

終わり

奏法の指示に従って弾いてみよう

キーワード アーティキュレーションの表現

多くの楽譜には、音をなめらかにつないで弾くスラーや、切り離すように弾くスタッカート、音符の長さいっぱいに音を保つテヌートなどのような、弾き方＝アーティキュレーションを指示する記号が書き加えられています。第4章の最後は、それらの指示を演奏に反映させる練習を行うことにしましょう。

１ スラーの指示に従ってフレーズを弾いてみましょう

■ 30_A（スラーの指示を無視） 30_B（スラーの指示を反映）

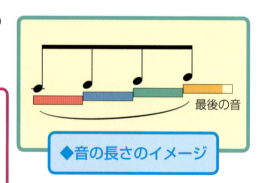

◆音の長さのイメージ

スラーで結ばれた4つの音がひと連なりに聞こえるように、前の音を十分のばしてつながりをなめらかにします。なお、最後の音だけは通常の長さで弾いてください

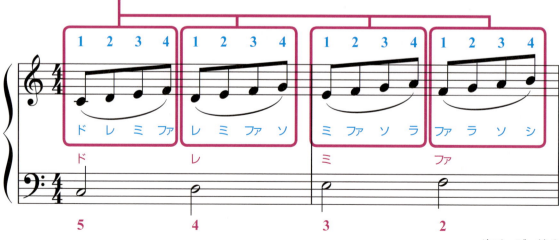

次ページへ続く

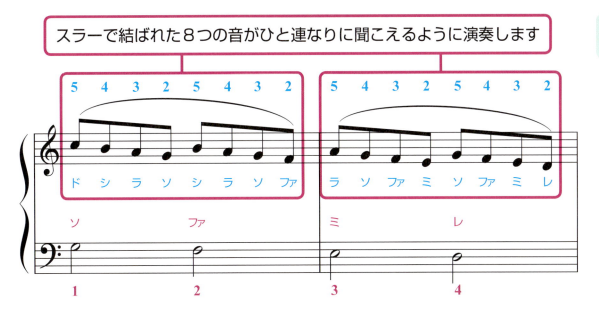

② 長さの指示に従ってドレミファソラシドを弾いてみましょう

■ 30_C（長さの指示を無視）　30_D（長さの指示を反映）

ピアノの素朴な「?」に答える Q&A

Q テヌートとスタッカートが一緒に書かれた音符はどう弾けばいいのですか？

A それはメゾスタッカートと呼ばれる指示で通常のスタッカートよりは長めに切って演奏します

◆ メゾスタッカート

　クラシック系のピアノ楽譜以外ではあまり見かけることはないのですが、たしかに1つの音符にスタッカートとテヌートという真逆の指示が書き加えられることがあります（1小節目を参照）。正直"どないせいっちゅうねん"と関西弁（？）で文句の1つも言いたくなりますよね。実はこれはメゾスタッカートと呼ばれるアーティキュレーション指示の1つで、この指示が書き加えられている音符は"通常のスタッカートよりは長め（だいたい60～70%前後の長さ）で切るように演奏してください"という意味なんです。

　また、2小節目のようにスラーで結ばれている間の音符にスタッカートが書き加えられていることもあります。言ってみればこれも真逆の指示ですが、この場合もやはりメゾスタッカートとなり、指示の意味も同じになります。

ヒント

　スタッカートの指示をどのように演奏に反映させるかは、実際には演奏者の解釈にゆだねられるケースがほとんどです。そのため、スタッカーティシモ（スタッカートよりさらに短く切る）、スタッカート、メゾスタッカートは絶対的な長さの指示ではなく、ほぼそんな意識で弾けばOKというくらいに考えておきましょう。

第5章

ソロピアノに
チャレンジしよう

第4章は基礎トレ中心の練習譜例ばかりでしたので、指が動いてきたあなたはそろそろ"曲が弾きたいモード"になっていると思います。そこで、これまでの練習成果を試すためにも、ここらで1曲ソロピアノ演奏にチャレンジしてみましょう。曲は「SWEET MEMORIES」。原曲の持つちょっとブルージーなテイストを残しつつも、できるだけ簡単に弾けるように指使いやリズムの面でシンプルなアレンジを施してありますから、きっと弾けますよ。

この章の内容

31 ここに気をつけて演奏しよう ・・・・・・・・・・・・・・・・・ 82
32 「SWEET MEMORIES」を弾いてみよう ・・・・・・・ 84
ピアノの素朴な「？」に答える Q＆A ・・・・・・・・・・・・・ 90

＊答えは②「SWEET MEMORIES」

レッスン31 ここに気をつけて演奏しよう

キーワード　「SWEET MEMORIES」演奏のポイント

　右手が忙しいときは左手が、左手が忙しいときは右手がヒマというアレンジになっています。バラード調の曲なので、思い入れたっぷりに弾くようにしましょう。5小節目以降は3連符のリズムが基本ですが、メロディを覚えてしまえば、それを追っていくだけで、あまり3連符のノリを意識しなくても演奏できます。

イントロの前半部分（1〜4小節目）

● 4小節の間で、徐々に強くなるように弾いていきましょう

　「SWEET MEMORIES」のイントロは前半後半の2段構えになっています。
　前半4小節はイントロのイントロみたいな扱いで、いきなり曲に入るのではなく聴く人を少しずつ曲の世界へいざなっていく役割を担っているフレーズですから、演奏も4小節間でのクレッシェンドを心がけ、遠くから次第にフェードインしてくる感じを出しましょう。
　また4小節目の途中から徐々にテンポを落として弾き、さらに後半のイントロがスタートする5小節目との間にも少しだけ間を取るようにすると、場面の切り替えがドラマチックになります。

徐々に音が大きくなるように弾いていきます

この辺から少しずつ演奏のテンポを落とします

メロディ（右手）の冒頭部分（9～10小節目）

●親指を残したまま薬指と小指でメロディを弾きます

メロディの冒頭部分に符尾が逆になった音符があります。これは、長さが違う音符を同時に弾くことをわかりやすく指示した表記です。この場合は、右手の9小節目は親指でソの音を3拍分、10小節目は親指でラの音を2拍分残したままにし、薬指と小指でメロディを弾けばOK。17～18小節目も同様です。

音符の長さに従って親指を残します

左手で和音を弾く部分（27小節目）

●和音の演奏では鍵盤を弾くタイミングと強さをそろえましょう

27小節目の2拍目と4拍目に左手で和音を弾く箇所が出てきます。一瞬とまどいそうですが、1拍目が休符になっているので、その間にファとドの鍵盤を押さえる準備ができます。2つの鍵盤を弾くタイミングと強さをそえながら、"ラッコ（右手）・さん（左手）・パンダ（右手）・さん（左手）"のリズムで弾きましょう。

終わり

レッスン32 「SWEET MEMORIES」を弾いてみよう

キーワード 🔑 ソロピアノ「SWEET MEMORIES」

SWEET MEMORIES

作曲／大村雅朗

©1983 by Sun Music Publishing, inc.A

注：この楽譜は弾きやすくするために原曲からキーを変更してあります

第5章 ソロピアノにチャレンジしよう

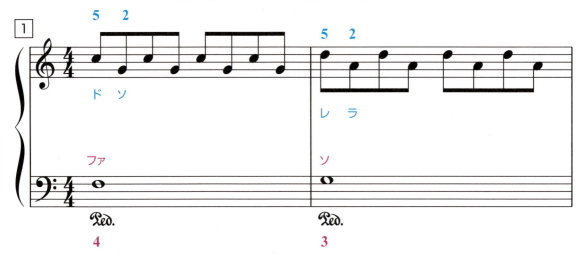

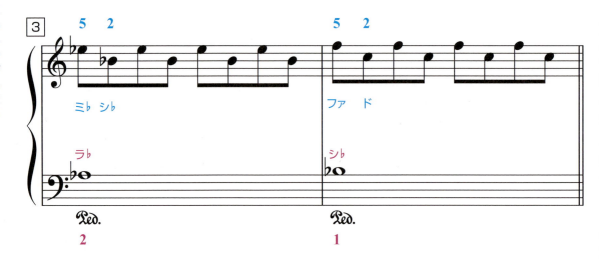

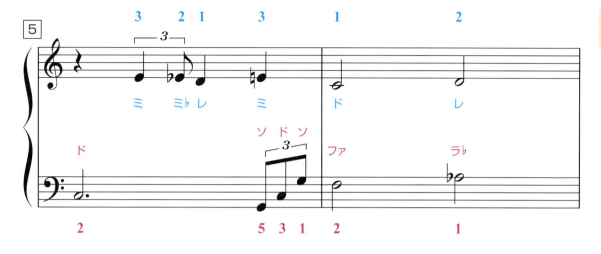
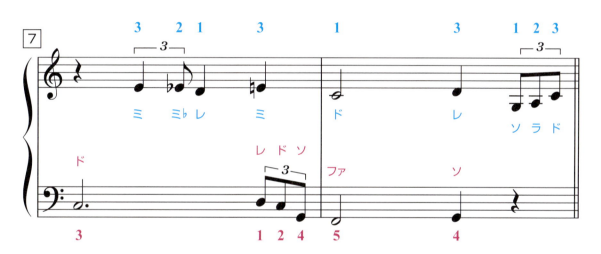
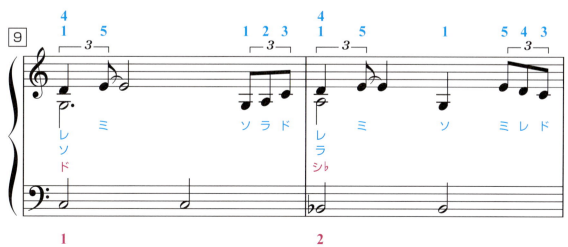

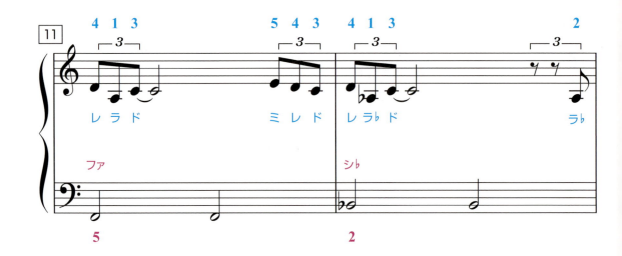
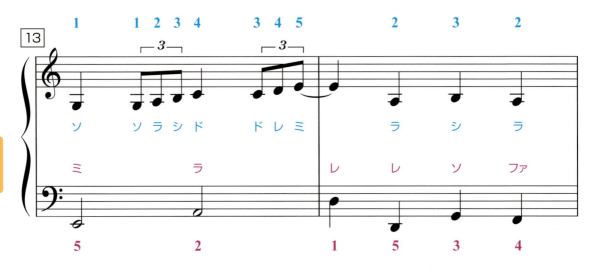

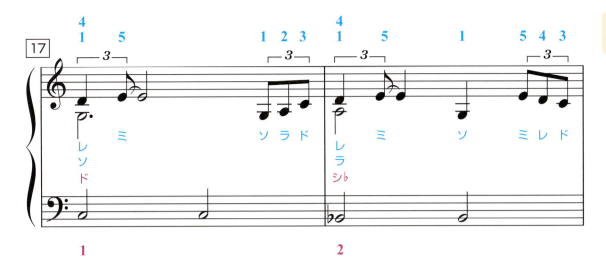
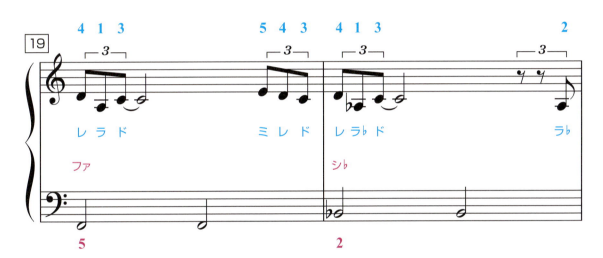
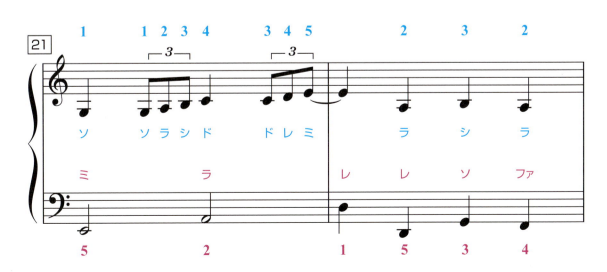

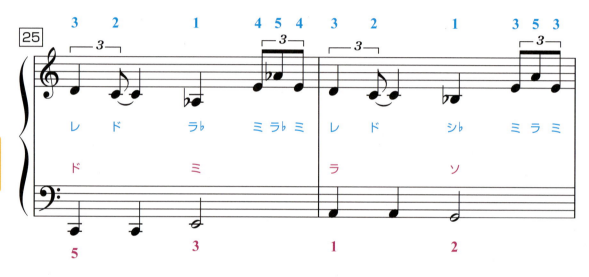
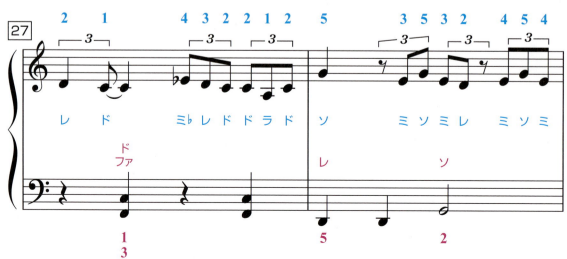

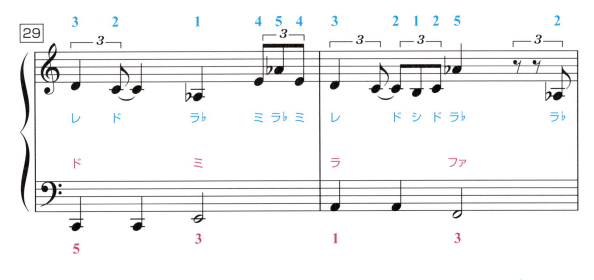

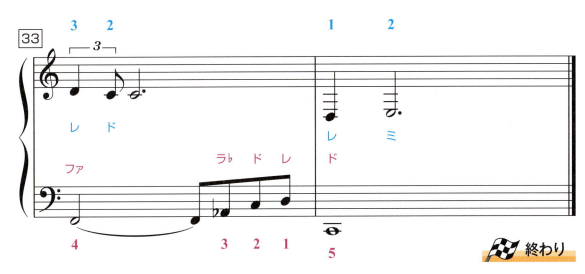

ソロピアノ「SWEET MEMORIES」

終わり

ピアノの素朴な「？」に答える Q&A

Q ダンパーペダル以外のペダルは何のためにあるのですか？

A 特殊な効果が欲しいときにそれぞれ利用します

　グランドピアノやアップライトピアノ、一部のローコストモデルを除いた電子ピアノにはダンパーペダル以外に2つペダルが付属しています。ピアノの種類によって装備されているペダルの役割が違うので、どのピアノにどんなペダルが用意されているかは、下の表を参照してください。

　シフトペダルは音を細く、甘い感じにしたいときに踏むペダルです。もし楽譜にu.c.（ウナコルダ）という指示があったら、"シフトペダルを踏んでください"という指示になります。1文字違いのソフトペダルはピアノの弦を叩くハンマーの力を弱めるためのペダルで、音質が若干ソフトになります。

　ソステヌートペダルは、ペダルを踏んだときに押さえていた鍵盤の音だけがペダルを離すまで持続するという、ダンパーペダル以上の脅威のメカニズムを持つペダルです。ダンパーペダルの場合、1度ペダルを踏んだら、それ以降弾いた音がどんどん重なり合って、音が濁っていってしまうのですが、ソステヌートペダルでは、濁りを気にせずに最初の音だけを持続させることができます。マフラーペダルは弱音効果を得るためのペダルで、このペダルを踏むと音量が低下し、音質もモコッとしたものに変化します。

グランドピアノ	シフト	ソステヌート	ダンパー
アップライトピアノ	ソフト	マフラー	ダンパー
電子ピアノ	シフト	ソステヌート	ダンパー

第6章

和音（コード）を弾こう

ピアノの楽しみ方には、楽曲をピアノだけで奏でるソロピアノ以外に、弾き語りなどに応用できる和音での演奏（コード弾きと呼ばれます）があります。コードを理解するためのお勉強の方は後回し（第7章で解説します）にして、ここではまず和音での演奏に慣れるところから始めることにしましょう。

この章の内容

- ㉝ テンポに合わせてドミソの和音を弾いてみよう ・・・・ 92
- ㉞ ドミソ以外の和音も弾いてみよう ・・・・・・・・・・・・・・ 94
- ㉟ 和音を切り替えながら弾いてみよう ・・・・・・・・・・・・ 96
- ㊱ 分散和音を弾いてみよう ・・・・・・・・・・・・・・・・・・・・・ 98
- ㊲ 左手パートと合わせて弾いてみよう ・・・・・・・・・・・・100
- ㊳ リズムのある左手パートと合わせて弾いてみよう ・102
- ㊴ 動きのある左手パートと合わせて弾いてみよう ・・・104
- ピアノの素朴な「？」に答えるＱ＆Ａ ・・・・・・・・・・・・106

テンポに合わせてドミソの和音を弾いてみよう

キーワード ドミソのストローク演奏

弾き語りやピアノ伴奏などで多用されるのが和音での演奏（コード弾き）です。音符の数が増えるので難しそうにも見えますが、実際にやってみるとむしろソロピアノの演奏より簡単に感じる人が多いと思います。論より証拠と言うことで、早速"ドミソの和音"を使ってベーシックな和音演奏にトライしてみましょう。

和音の定義って知ってますか？

●2つ以上の異なる鍵盤を同時に弾いたときに出る音、それが和音です

白鍵同士、白鍵と黒鍵、黒鍵同士など、どんな組み合わせでもかまわないので、2つの異なる音名の鍵盤を同時に弾いてみてください。そのとき出た音が和音です。同時に押す鍵盤を3つにしても4つにしても、それ以上にしても、やっぱり出る音は和音になります。

前述のように2音でも和音ですが、通常は3音以上の音の組み合わせを指すことが多く、3つの異なる音を組み合わせた和音を三和音、4つの異なる音を組み合わせた和音を四和音と呼んでいます。

なお、たとえばド・ミ・ソという3つの音で作られている和音のことを指すとき、いちいち"ドミソの和音"などと言っていてはまだるっこしいので、クラシック以外の世界では、コードネームで呼ぶようになっています。

ちなみに"ドミソの和音"のコードネームは"C"。ほら、かなり言葉の省エネになってますでしょ。このコードネームや、それを表記したコード譜については第7章の「コード譜に合わせて弾こう」で解説しますので、お楽しみに！

3つの異なる音の組み合わせで構成される和音です

4つの異なる音の組み合わせで構成される和音です

① ドミソの和音を4分音符のストロークで弾いてみましょう

リズムに合わせて和音を"ジャンジャン"と弾くことを、ストローク演奏と呼びます

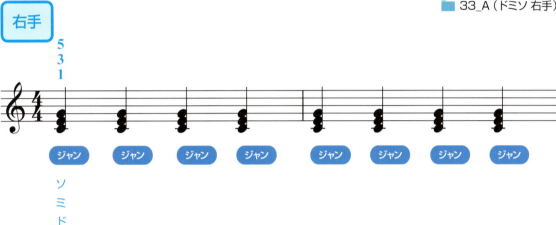

33_A（ドミソ 右手）

33_B（ドミソ 左手）

ヒント

和音を弾くときは各鍵盤を弾く強さが均等になるように心がけましょう。どれかの指が強すぎたり弱すぎたりすると、美しい響きが得られません。

終わり

ドミソ以外の和音も弾いてみよう

キーワード ドミソ以外のストローク演奏

それではレッスン33の応用編として"ドミソ"以外の和音でのストローク演奏にトライしてみましょう。響きや鍵盤の位置に慣れてもらうのがここでの目的ですので、運指自体はレッスン35と同じにしてあります。ちなみに"ファラド"のコードネームはF、"レファラ"はDm、"ソシレ"はGになります。

① ファラドの和音を4分音符のストロークで弾いてみましょう

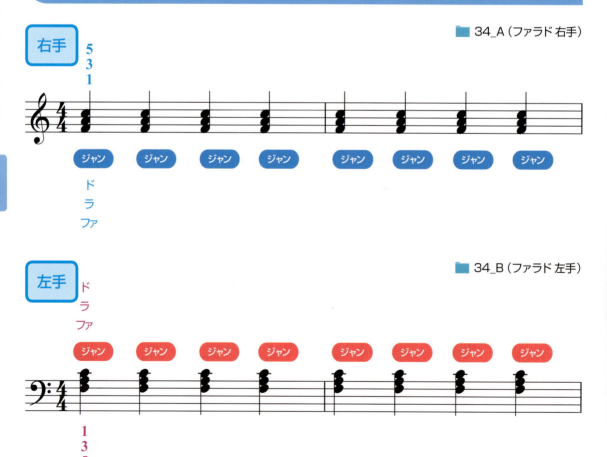

② レファラとソシレの和音を弾いてみましょう

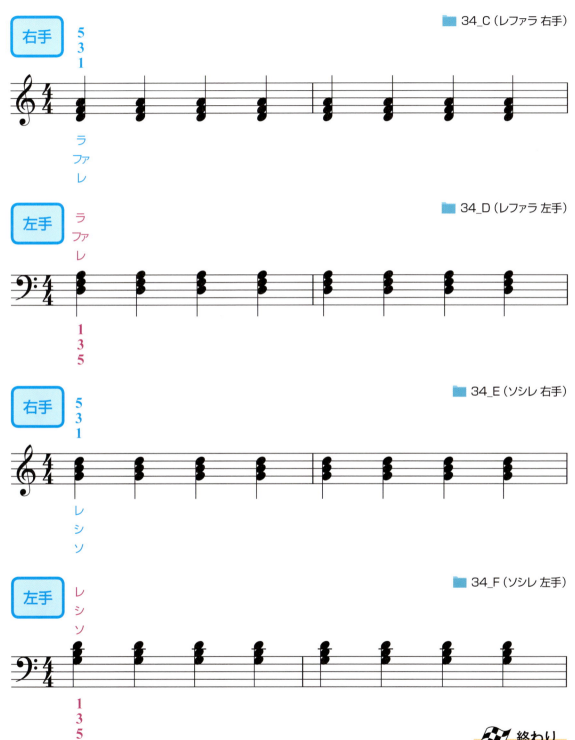

和音を切り替えながら弾いてみよう

キーワード 和音が切り替わるストローク演奏

ここでは和音を切り替えながら演奏する練習として、4分音符刻みのストローク演奏タイプと、1つの和音を8分音符刻みに分けて弾くタイプの譜例（右手用）を用意しました。どちらも使用するのは親指（1の指）、中指（3の指）、小指（5の指）の3本だけ。スムーズな和音の切り替えができるまで頑張りましょう。

① いろんな和音を続けて弾いてみましょう

35_A（和音の切り替え 4分音符）

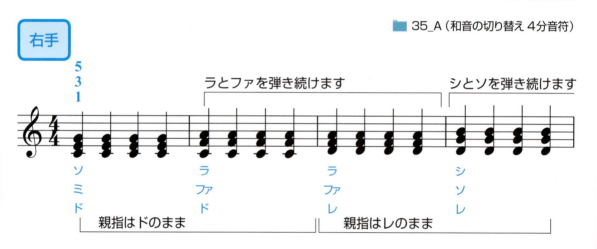

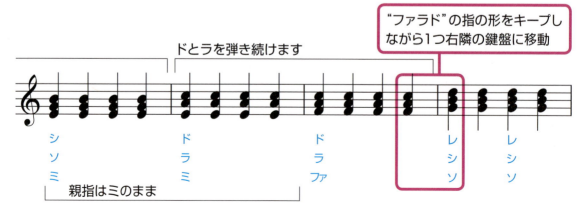

② いろんな和音を8分音符刻みで弾いてみましょう

35

🟦 35_B（和音の切り替え 8分刻み）

和音が切り替わるストローク演奏

8分音符刻みの和音演奏が弾けるようになったら、レッスン25の中抜き3連の練習（P69）を思い出して、"ラッコ"感覚で上の譜例を弾いてみましょう

終わり

分散和音を弾いてみよう

キーワード 分散和音（アルペジオ）

　和音を構成する複数の音を1つずつ違うタイミングで演奏する奏法が分散和音です。ギタリストにはアルペジオと言った方がわかりやすいかもしれません。分散和音の演奏では、各音を弾くタイミングと、鍵盤を弾く強さに無用なばらつきが出ないようにすることが大事です。流れるような演奏を目指しましょう

① 和音を切り替えながらいろんな分散和音を弾いてみましょう

36_A（分散和音バリエーション）

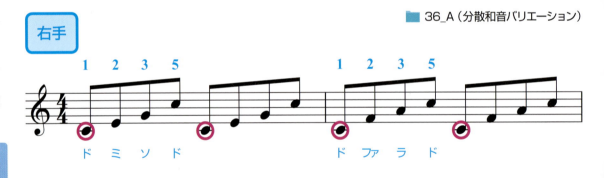

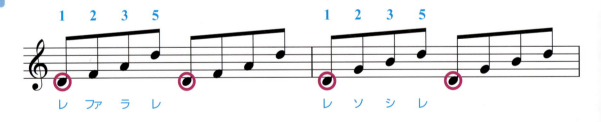

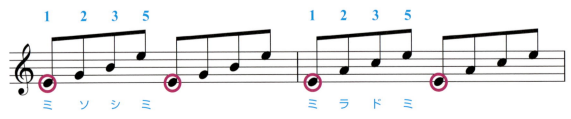

次ページへ続く

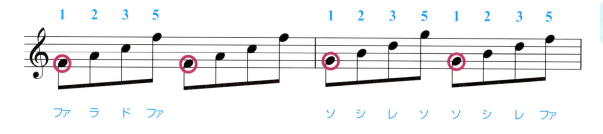

② 3連符の分散和音を弾いてみましょう

指使いに慣れてきたら、○で囲まれた音符を少し強めに弾いてみましょう

左手パートと合わせて弾いてみよう

キーワード 和音の両手弾き

ここからは右手のストローク演奏に左手パートを加えた両手弾きがテーマになります。手始めとして、レッスン35（P96）の2つの譜面に対してシンプルな共通の左手パートを加えた譜例を用意しました。弾いてみるとそれほど難しくない割に本格的な弾き語り演奏っぽく聞こえるので、楽して得した感じになるかも。

① 和音を切り替えながら左手と合わせて弾いてみましょう

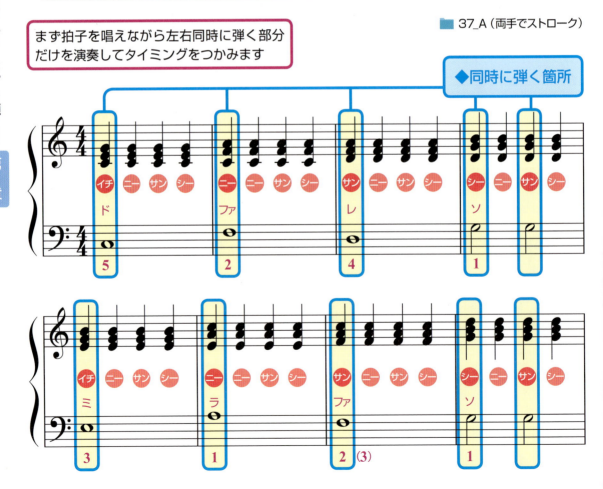

② 左手と合わせて8分音符刻みで弾いてみましょう

37

和音の両手弾き

■ 37_B（両手でストローク）

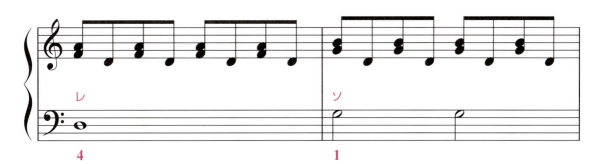

リズムのある左手パートと合わせて弾いてみよう

キーワード 🔑 和音の両手弾き

両手弾き第2弾のテーマは"左手が8分音符のタイミングでリズムを生み出すタイプのフレーズを弾く！"です。なお、ここではノリをつかむことに目的を絞るため、右手パートは譜例35_A（P96）を流用し、左手パートは弾く音自体を譜例37_A（P100）と同じにしてあります。リズムの体得に集中して練習しましょう。

① リズムのある左手と合わせて弾いてみましょう 1

■ 38_A（両手でストローク）

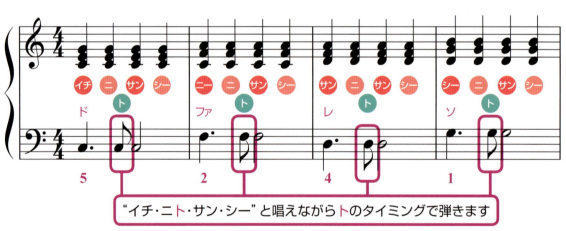

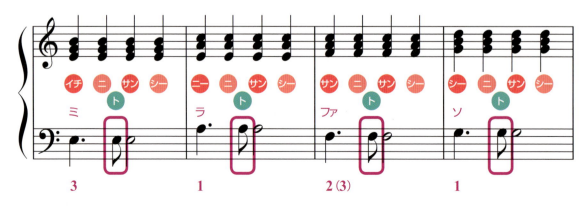

レッスン39 動きのある左手パートと合わせて弾いてみよう

キーワード　和音の両手弾き

両手弾きの最終テーマは"譜例35_A（P96）の右手ストローク演奏に、フレーズに動きのある左手パートを加える"です。すべてが左手での分散和音を弾きこなせるかどうかにかかっているので、気合いを入れて頑張りましょう。マスターできれば、市販の初心者用弾き語り楽譜のほとんどが弾けるようになるはずです。

1 フレーズに動きのある左手と合わせて弾いてみましょう

■ 39_A（両手でストローク）

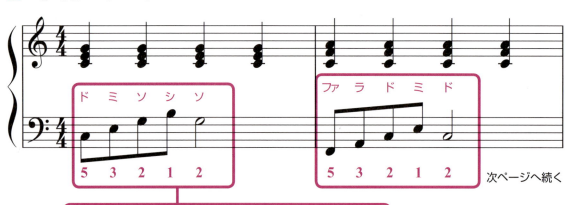

ここから1つ間を置いた鍵盤を右に向かって小指（5の指）から順に弾く、弾きやすい運指パターンが3小節続きます。"タ・タ・タ・タ・ターーン"のリズムも共通です

ヒント

実際に譜例39_Aを演奏してみると、レッスン37や38のときより、なんとなくロマンチックな響きになっていると感じませんか？　その秘密は、ここでの左手フレーズがメジャーセブンスコードやマイナーセブンスコードの分散和音になっているところにあります。詳しくは次の章を読むべし！

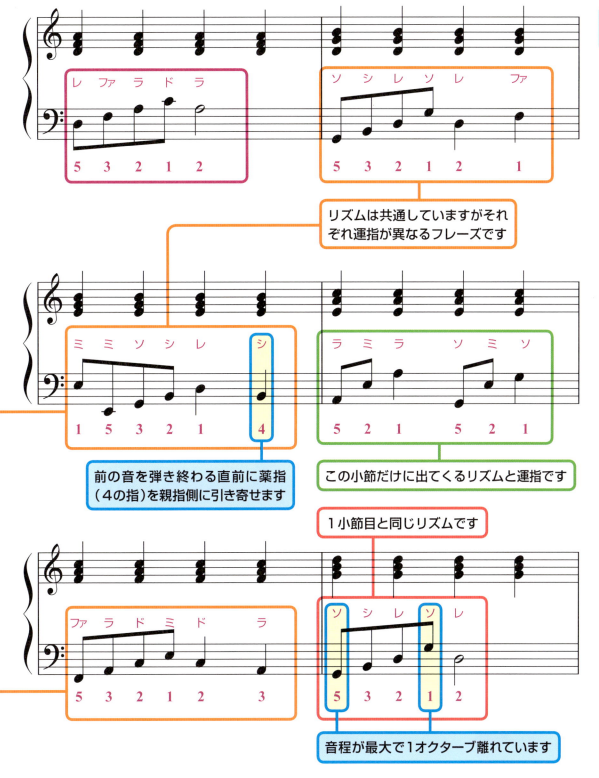

ピアノの素朴な「？」に答える Q&A

Q 練習にメトロノームは必要ですか？

A なくてもピアノ演奏を楽しむことはできますが あるとテンポキープ力が身につきます

　本書は"自分の好きなテンポ、弾けるテンポで弾いてもらえればそれでOK"というお気楽なポリシーなので、どの譜例や楽譜にも♩＝○○というテンポ指示はしてありませんが、通常のピアノ楽譜には、たいてい"このテンポで弾いてください"というテンポ指示が表記されています。と言われても、普通、数字で書かれたその速さはわかりませんよね。そんなときに、実際にそのテンポをクリック音で知らせてくれるのがメトロノームです。

　メトロノームにテンポの数字を設定してやれば、1拍の長さでカッチ・カッチとそのテンポを音（や光の点滅）で刻んでくれるので、あとはそのスピードに合わせて演奏を行うだけ。まあ、ホントのところ、なくてもかまわない装置ですが、あれば一定のテンポを保って演奏する力＝テンポキープ力が身についていきますから、1台持っていても無駄にはなりません。ちなみに電子ピアノにはたいてい内蔵されていますし、最も高価な機械式でも5,000円以下で入手できます。スマートフォンやタブレットを持っているならば、無料のメトロノームアプリもたくさんあるので、それを使ってみるのもいいでしょう。

電子式メトロノーム
（写真はKORG MA-1）

機械式メトロノーム（写真はYAMAHA MP-90）　　無料のメトロノームアプリを入手する手もアリです

第7章

コード譜に合わせて弾こう

コードネームは、"ドミソの和音"といった言い方を一定のルールに従って記号化したものです。そのルールさえ把握できれば、コードネームから押さえるべき鍵盤がわかるというスグレモノで、コードネームだけが書かれた楽譜（コード譜）からでも、簡単にコード弾きができるようになります。

この章の内容

- ㊵ メジャーコードとマイナーコードの違いを学ぼう ‥108
- ㊶ 7のついたコードを弾いてみよう ‥‥‥‥‥‥‥‥ 110
- ㊷ 6つの基本コードを学ぼう（三和音）‥‥‥‥‥‥ 112
- ㊸ 7つの基本コードを学ぼう（四和音）‥‥‥‥‥‥ 114
- ㊹ 左手でルート音を弾いてみよう ‥‥‥‥‥‥‥‥ 116
- ㊺ コードの押さえ方のバリエーションを学ぼう‥‥‥ 118
- ㊻ 練習問題にチャレンジしよう ‥‥‥‥‥‥‥‥‥ 120
- ピアノの素朴な「？」に答えるQ＆A ‥‥‥‥‥‥ 126

レッスン 40 メジャーコードとマイナーコードの違いを学ぼう

キーワード 🔑 メジャーコード　マイナーコード

コードネームでは、和音（コード）の土台となる音名をA〜Gで書き表します。また、この和音の土台となる音を"ルート"と呼びます。これはコードネームの基本中の基本ルールです。と前置きしたところで、レッスン40では、その次のルールであるメジャーとマイナーの書き分けについて解説していきましょう。

そもそもメジャーとマイナーの違いってどこ？

●決め手はルートの音から数えて3つ右または4つ右の音

とりあえずドの鍵盤を弾いてみてください。次に、今弾いたドの鍵盤から右に向かって4つ目の鍵盤と7つ目の鍵盤を一緒に弾くと、"ドミソの三和音"になります。このように、ルート＋4つ目の音＋7つ目の音で構成された和音をメジャーコード（長三和音）と呼びます。

今度はルート＋3つ目の音＋7つ目の音を一緒に弾いてみてください。"ドミ♭ソの三和音"になりますね。このように、ルート＋3つ目の音＋7つ目の音で構成された和音をマイナーコード（短三和音）と呼びます。

つまり、メジャーコードとマイナーコードの違いは、和音の中に含まれているのが"ルートから4つ目の音"なのか、"ルートから3つ目の音"なのかという点にあるわけです。

メジャーコード（長三和音）の成り立ち

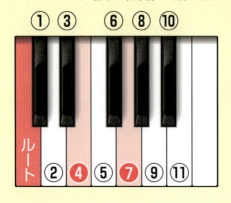

マイナーコード（短三和音）の成り立ち

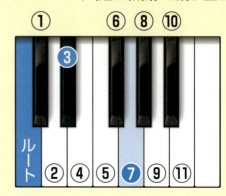

① コードネームの表記ルール（メジャー／マイナー）

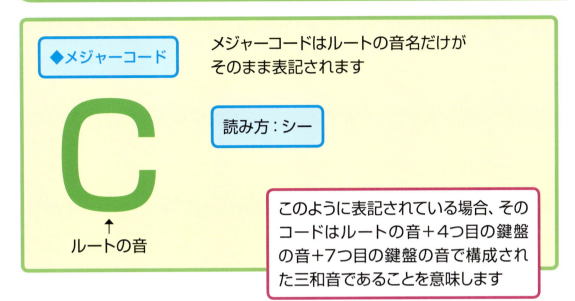

C〜Bの英語読み音名とドレミファソラシ（イタリア語読み）との対応についてはP36のQ&Aをお読みください

レッスン 41 7のついたコードを弾いてみよう

キーワード セブンスコード

コードネームの末尾にM7がついているものをメジャーセブンスコード、7がついているものをセブンスコードと呼びます。これらは三和音に長7度や短7度の音を加えて構成された四和音を表す言葉なのですが、本書は音楽理論書ではないので、難しいこと抜きにその成り立ちを解説することにしましょう。

そもそも長7度と短7度の音って何？

●オクターブなどと同様の、音程を表す言葉の1つです

長7度や短7度といった用語は、音程（2音間の距離）を表すときに使用する言葉で、同じ仲間に、オクターブ（完全8度）や長3度、短3度、完全5度、増5度、減5度、減7度などがあります。と書いたものの、普通にピアノを弾く分にはオクターブ以外の用語の意味はほとんど覚えなくてかまいませんし、長7度と短7度についても実際に鍵盤の数で距離（音程）を理解しておけば十分です。

まず長7度の音ですが、これはルートの鍵盤から右に11個目＝ルートの1オクターブ上の鍵盤のすぐ左隣にある鍵盤の音のことを指します。

もう1つの短7度の方は、ルートの鍵盤から右に10個目の鍵盤の音、またはルートの1オクターブ上の鍵盤から左に2つ目の鍵盤の音を指します。

長7度はルートから11番目の鍵盤の音

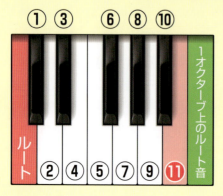

短7度はルートから10番目の鍵盤の音

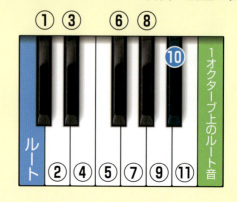

① コードネームの表記ルール（メジャーセブンス／セブンス）

◆ **メジャーセブンスコード**

メジャーコードやマイナーコードの右に大文字のMと数字の7を加えて表記されます

読み方：シーメジャーセブン

読み方：シーマイナーメジャーセブン

CM7　CmM7

このように表記されている場合、そのコードはメジャーコードやマイナーコードに、ルートから11個目の鍵盤の音を加えた四和音であることを意味します

メジャーセブンスコードは□△7や□Maj7、□maj7と表記されることもあります

◆ **セブンスコード**

メジャーコードやマイナーコードの右に数字の7を加えて表記されます

読み方：シーセブン

読み方：シーマイナーセブン

C7　Cm7

このように表記されている場合、そのコードはメジャーコードやマイナーコードに、ルートから10個目の鍵盤の音を加えた四和音であることを意味します

終わり

レッスン42 6つの基本コードを学ぼう（三和音）

キーワード 基本のコード（三和音）

通常の曲で利用されるコードは、特定のグループ内から選ばれたものの組み合わせで成り立っています。たとえばCやAmのコードから始まる曲の場合、その中で使われる三和音のコードはここで紹介する白鍵だけを使った6つがメインになります。まずは、これらのベーシックなコードの押さえ方から覚えていきましょう。

三和音の響きの特徴

● **ストレートで力強い響き、色で言えば原色です**

メジャーコードやマイナーコードのような三和音の響きは、シンプルで力強いのが特徴です。そのため、素朴なメロディを持つ親しみやすいフォークソングや力強さが欲しいロックやポップスなどで多く利用されています。

また、三和音の場合、長三和音は明るく楽しい感じ、短三和音は暗く悲しい感じという響きの性格がはっきり表れます。色で言えば長三和音は原色の赤、短三和音は原色の青のようなイメージと言えるでしょう。

① 白鍵だけを使った6つのコードを押さえてみましょう

C　構成音 ドミソ

Dm　構成音 レファラ

42 基本のコード（三和音）

> **ヒント**
>
>
>
> 白鍵だけを使ってできる三和音のコードには、上記以外に "Bm⁻⁵（シレファ）" がありますが、CやAmで始まる曲ではあまり使われません。

> **ヒント**
>
> 左のコードについている "－5" は "フラットファイブ" と読み、Bm⁻⁵の場合の読み方はBマイナーフラットファイブとなります（ちなみにP115に出てくるBm7⁻⁵はBマイナーセブンスフラットファイブと読みます）。

終わり

レッスン43 ７つの基本コードを学ぼう（四和音）

キーワード 🗝 基本のコード（四和音）

CやAmのコードから始まる曲では、レッスン42で紹介した白鍵だけを使った三和音のコードだけでなく、それに長7度や短7度の音を加えた6つの四和音も利用されます。また黒鍵が1つ混じっているE7のコードも、特にAmから始まる曲などでは多用されますので、ここでは6＋1の計7つを覚えておきましょう。

セブンスコードの響きの特徴

●おしゃれでロマンチック、色で言えばパステルカラーです

三和音に長7度や短7度の音を加えた四和音（セブンスコード）の響きは、おしゃれでロマンチックなのが特徴です。
また、メジャーセブンスコードは構成音に短三和音を含んでおり（CM7：ドミソシのミソシはEmと同じ）、マイナーセブンスコードは構成音に長三和音を含んでいる（Dm7：レファラドのファラドはFと同じ）ため、響きの明暗があいまいです。色で言えばメジャーセブンスは暖色系、マイナーセブンスは寒色系のパステルカラーと言えるでしょう。

コード譜に合わせて弾こう　第7章

① 7つのセブンスコードを押さえてみましょう

CM7　構成音　ドミソシ

Dm7　構成音　レファラド

43 基本のコード（四和音）

ヒント

白鍵だけを使ってできる四和音のコードには、上記以外に"Bm7⁻⁵（シレファラ）"がありますが、CやAmで始まる曲ではあまり使われません。

🏁 終わり

レッスン44 左手でルート音を弾いてみよう

キーワード　左手でルート音

コード弾きでは、右手でコード、左手でそのコードのルート音を押さえるのが基本になります。ここではコードネームとリズムが書かれたコード譜と、それを実際にストローク演奏する際の解釈例を五線譜化したものを並記しますので、両者を見比べながら"ああ、なるほどそういうことね"と理解してください。

① CとDmを両手でコード弾きしてみましょう

44_A（コード弾き C_Dm）

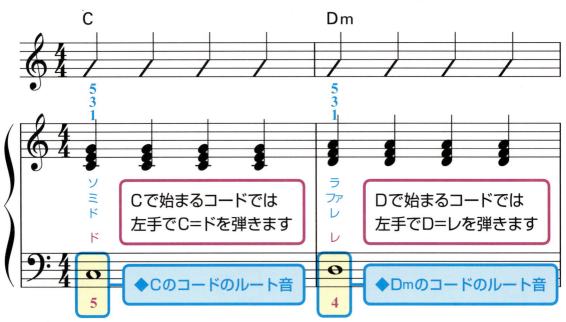

ヒント

コード譜に書かれた ♩ は4分音符のリズムだけを表すときに使用される特殊な音符で、音の高さについては意味を持ちません。リズム用の音符には8分音符を表す ♪ や ♫、2分音符を表す ♩、全音符を表す ○ などもあります。

② EmとFを両手でコード弾きしてみましょう

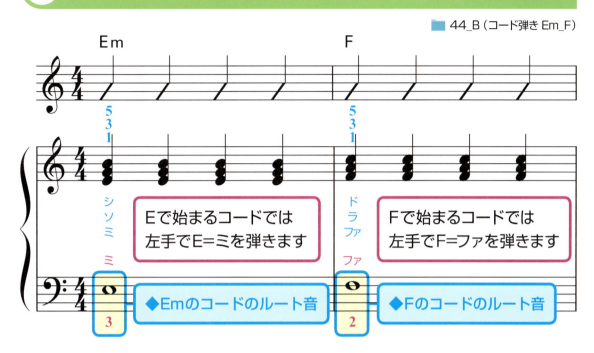

③ GとAmを両手でコード弾きしてみましょう

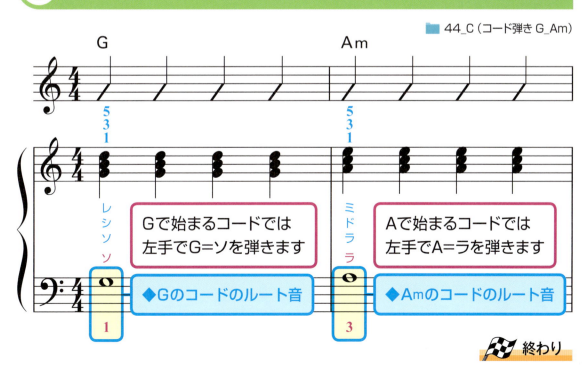

レッスン45 コードの押さえ方のバリエーションを学ぼう

キーワード 転回形　オンコード　分数コード

Cと書かれたコードは"ドミソ"に限らず"ミソド"や"ソドミ"と押さえることが可能です（もちろん同じことは他のコードにも言えます）。構成音が変わらないため、コードとしての役割に変化がないからです。ここでは3つのケースを挙げて、コードネームに対応する押さえ方のバリエーションを紹介しましょう。

ドミソの順番が入れ替わったもの、それが転回形

● ドミソは基本形、ミソドは第1転回形、ソドミは第2転回形

前述のように、ドミソの並び順が入れ替わってもコードの役割は変わりません。ただ並び順によって一応名前があり、ドミソを基本形、ミソドを第1転回形、ソドミを第2転回形と呼びます。

またドミソシのような四和音の場合は、ドミソシ（基本形）、ミソシド（第1転回形）、ソシドミ（第2転回形）、シドミソ（第3転回形）となります。要するに、ルートから順に積み上がっている形が基本形で、そこから音の並びを順送りに転回させたものが"転回形"ということです。

基本形
ルート音から始まる
コードの並び方の基本

↑
Cのコードのルート音（ド）

第1転回形
基本形の下から2番目の
音から始まる並び順

第2転回形
基本形の下から3番目の
音から始まる並び順

基本形
ルート音から始まる
コードの並び方の基本

第1転回形
基本形の下から2番目の
音から始まる並び順

第2転回形
基本形の下から3番目の
音から始まる並び順

第3転回形
基本形の下から4番目の
音から始まる並び順

① 通常（＝最低音の指定がない）コードの押さえ方

② □on□と書かれているコードの押さえ方

③ □/□と書かれているコードの押さえ方

レッスン46 練習問題にチャレンジしよう

キーワード コード譜からの演奏

　第7章の最後に、コード譜を実際のコード弾きに応用するための練習問題にチャレンジしてみましょう。この章で解説したコードネームの意味や成り立ちの法則と、第6章で紹介した和音演奏のいろいろなパターンを組み合わせて、コード弾きを自分のものにしてください（模範解答例はP122〜125に掲載）。

転回形を利用した右手パートの工夫

●転回形をうまく利用するとコードのつながりがスムーズになります

　前ページで説明したように、左手パートがルートや指定されている音を押さえていれば、右手パートのコードはどんな転回形を利用してもOKです。

　ということで、ちょっと下の譜例を見てください。同じC→F→Dm→Gというコード進行の右手パートですが、❶は基本形だけを利用した進行、❷は転回形を交えた進行例になっています。

　❶の進行ではコードのつながりにデコボコが多く、流れがぎくしゃくした感じになっているのがわかるでしょう。それに、コードを押さえる指もあちこち飛ぶため、弾きにくいですね。

　逆に言えば、右手パートの演奏に転回形を利用すれば音のつながりがスムーズで、指の移動が少ない省エネ演奏が可能になるということです。

　もちろん基本形を覚えることが先決ですが、その次の段階として、前後の音と指のつながりを意識したコードの押さえ方ができるようになりましょう。

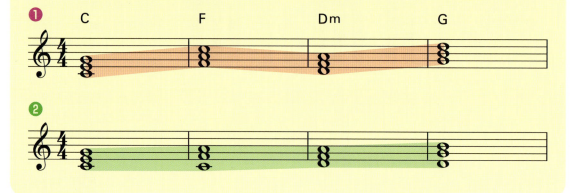

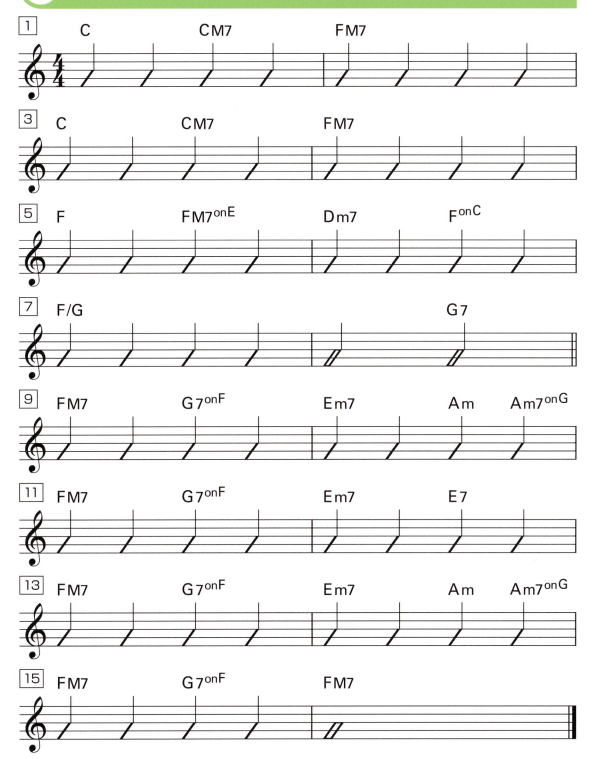

① 練習問題 模範解答例

■ 46_A（コード弾き練習問題解答例：わかりやすくするためにガイドメロディも加えてあります）

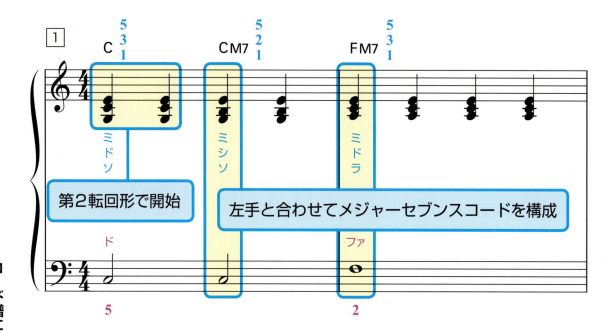

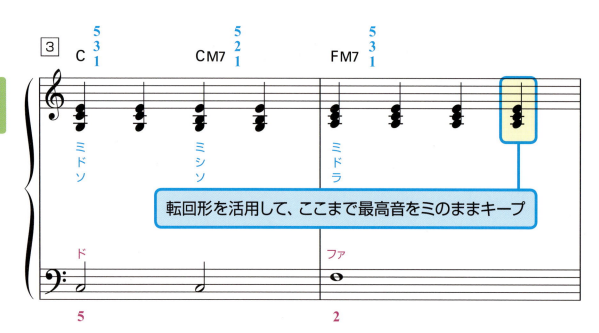

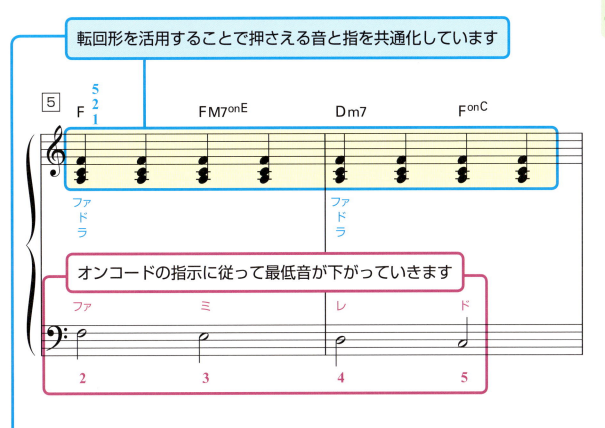

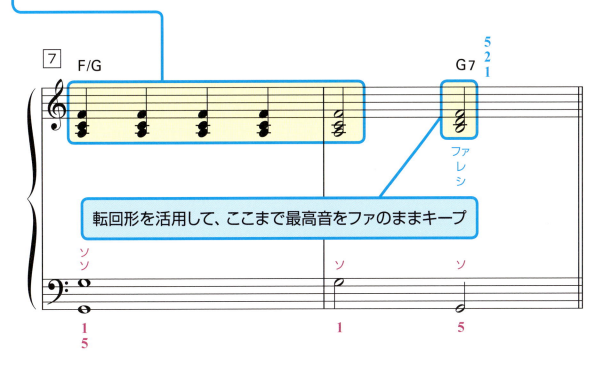

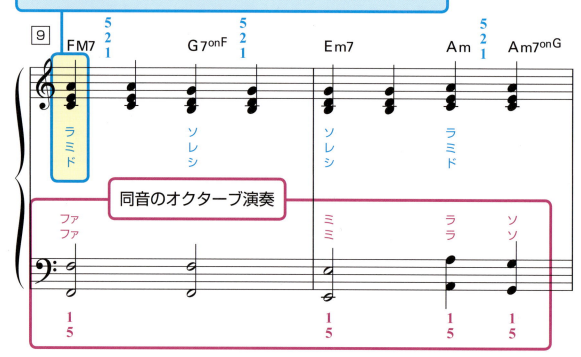
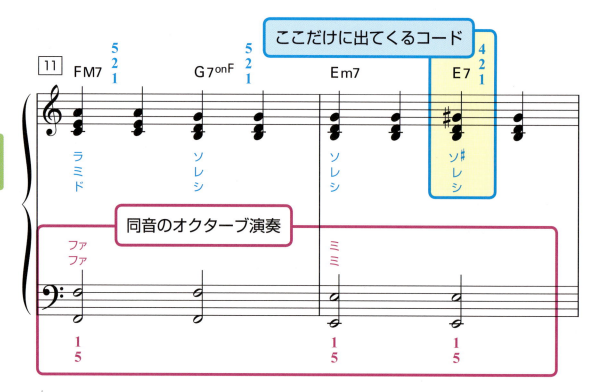

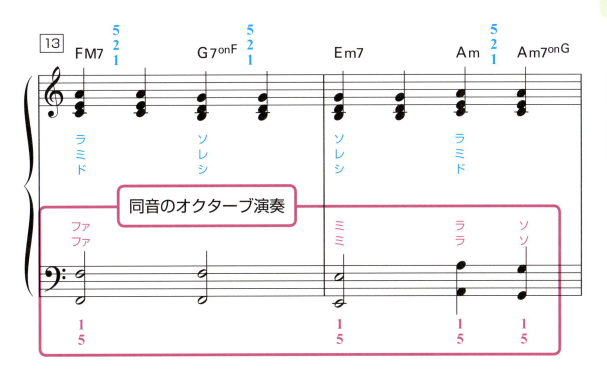
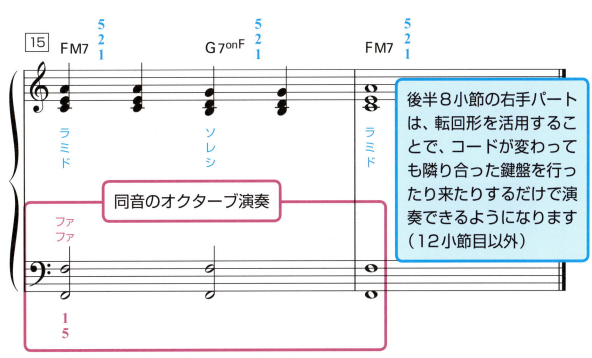

ピアノの素朴な「?」に答える Q&A

Q コードは最初から全部丸暗記しないとダメ？

**A そんなことはありません
必要なときにそのつど覚えていけばいいんです**

　コードネームのいちばん左に書かれるルート音には、A・A♯・B♭・B・C・C♯・D♭・D・D♯・E♭・E・F・F♯・G♭・G・G♯・A♭の17種類があります。この各ルートごとに構成音の違う12種類（ベーシックなものだけでもこんなに！）のコードがあるとすると、とりあえずトータルは17×12で204個。と言ってもA♯とB♭、C♯とD♭、D♯とE♭・F♯とG♭・G♯とA♭から始まるコードは内容が同じ（異名同コードと呼ばれます）なので、実際の数は（17−5）×12＝144に減ります。おお60個も減った。うれしい……でもやっぱり丸暗記はつらいですよね。

　というわけで、本書ではコードの押さえ方を最初から丸暗記するような酷なことはオススメしません。それよりも、要するに弾ければいいのですから、弾きたい曲のコード譜に出てきたものだけをそのつど覚えていくようにしましょう。使用頻度の高いコードはある程度限られているので、レパートリーが3〜4曲くらいに増える頃には、初めて目にするコードネームの数がずっと減ると思います。

　また、巻末にベーシックなコードブックを付録として用意してありますので、見慣れないコードネームが出てきたらぜひ活用してください。

ベーシックなコードだけでなく、ジャズなどで使用される複雑な響きのコードも知っておきたいという人には、弊社刊の書籍『究極コード図鑑』をオススメします。本書は、1つのルートに対して76種類のコードの押さえ方と、転回形を含めたそれらのバリエーションを収録した、まさに"究極"のコードブックです。ピアノなどの鍵盤楽器での押さえ方と、ギターでのコードの押さえ方の両方が掲載されているので一挙両得ですよ。

第8章

ピアノ弾き語りに
チャレンジしよう

ピアノで伴奏しながら歌う弾き語りは正直かっこいいので、あこがれる人は多いでしょう。ここではいよいよ実際にユーミンの「ひこうき雲」の弾き語りにチャレンジです。「SWEET MEMORIES」もそうでしたが、ここでも原曲のイメージを損なわないぎりぎりのところまで簡単にアレンジしてありますので、これまでの練習の成果を活かして思いっきりひたってください。

この章の内容

- **47** ここに気をつけて演奏しよう ･････････････ **128**
- **48** 「ひこうき雲」を弾き語りしてみよう ･･････ **130**

レッスン 47 ここに気をつけて演奏しよう

キーワード　「ひこうき雲」演奏のポイント

　カノン風進行の、泣けるバラードです。曲の前半が8分音符刻み、サビからは4分音符のストローク演奏が基本となり、そこに左手でコードのルートや指定されたベース音を添えていくという、弾き語りアレンジの王道パターンにしてあります。リズムもシンプルなので、歌いながらの演奏も思ったより簡単ですよ。

イントロの左手部分（1〜4小節目）

●オクターブ以上鍵盤が飛ぶときは前もって移動先の鍵盤を意識します

　イントロの左手パートは、1小節ずつドとファを全音符で弾くだけなので、それ自体は簡単です。ただし、2小節目と3小節目の間で押さえる鍵盤が1オクターブ以上離れているため、最初のうちはそこでつまづくかもしれません。

　幸い、右手のフレーズは規則的な繰り返しなので、そちらの演奏はそこそこ大丈夫なハズ。むしろここでは左手の小指の意識を、前もって移動先となる3番目のドに振り向けるようにしましょう。

　でも、どうしてもうまく弾けなかったら、無理をせず1〜2小節目を3〜4小節目と同じに弾いてもかまいませんよ。

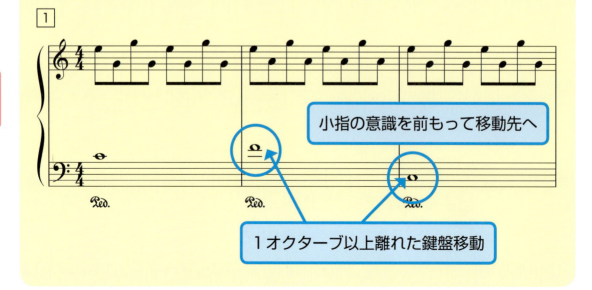

小指の意識を前もって移動先へ

1オクターブ以上離れた鍵盤移動

8分音符刻みのストローク演奏部分

●音がなめらかにつながるようにスラーで弾きます

　曲の前半での8分音符刻みによるストローク演奏は、つながりができるだけなめらかになるように1小節を通じてスラーで弾くようにしましょう。

　また、12小節目、20小節目、36小節目、44小節目は、少しため気味に弾いて、次の小節との間の区切り感を出すようにしてください。また、特に20小節目と44小節目は強めに弾いて、サビでの盛り上がりにつなげるようにします。これらに気を配るだけで、なぜか上手になったように聞こえるから不思議です。

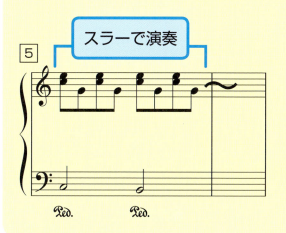

アルペジオ記号の部分（28小節目、64小節目）

●矢印の方向に向かって順番に和音の構成音を"ポロン"と弾きます

　1コーラス目の最後と曲の最後にある波打った矢印はアルペジオ記号と呼ばれるものです。この記号がつけられている音符（和音）は矢印の方向に向かって鍵盤を弾くタイミングを少しずつずらし、"ポロン"となるように演奏します。ここではどちらも低い方から高い方に向かって順番に鍵盤を弾いてください。

終わり

レッスン48 「ひこうき雲」を弾き語りしてみよう

キーワード　ピアノ弾き語り「ひこうき雲」

ひこうき雲

作詞・作曲／荒井由実

ⓒ1973　by　ALFA MUSIC, INC.

注：この楽譜は弾きやすくするために原曲からキーを変更してあります

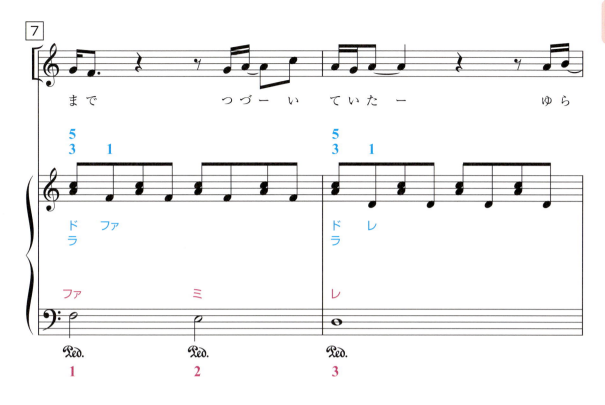
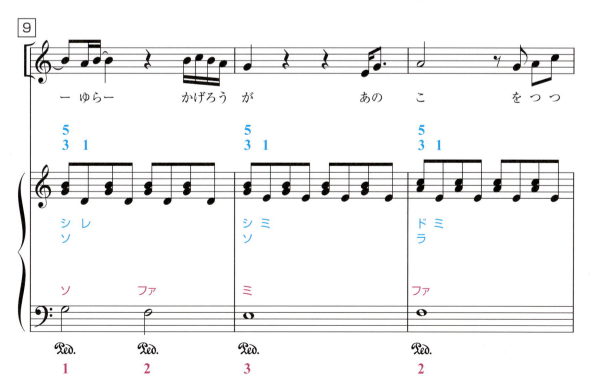

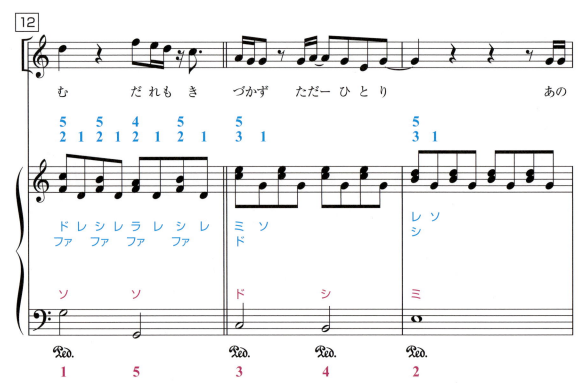
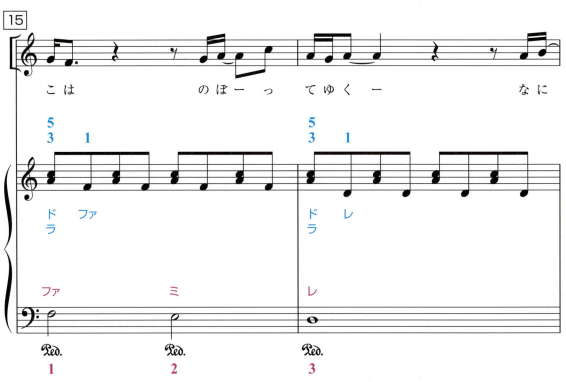

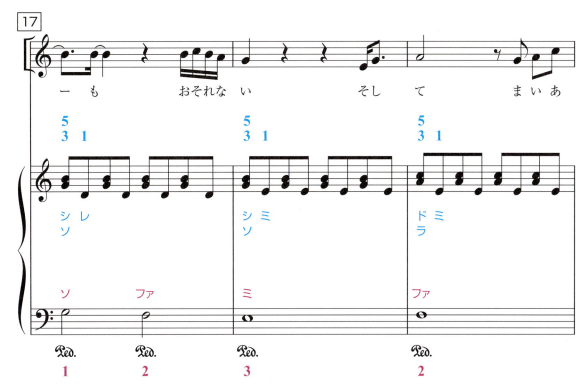

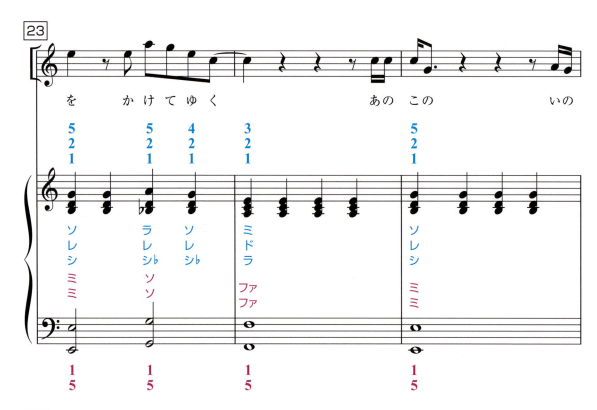

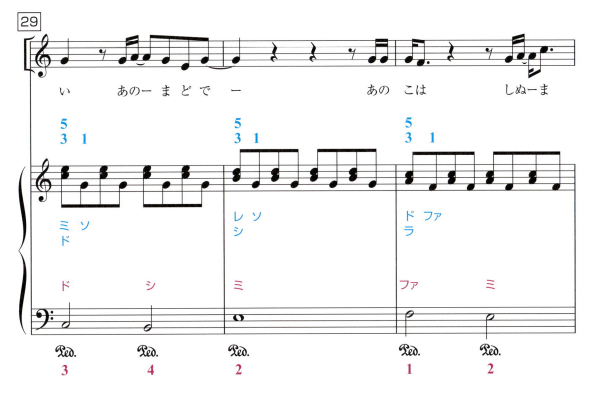
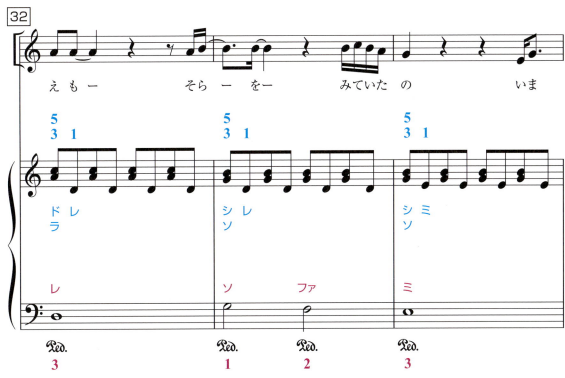

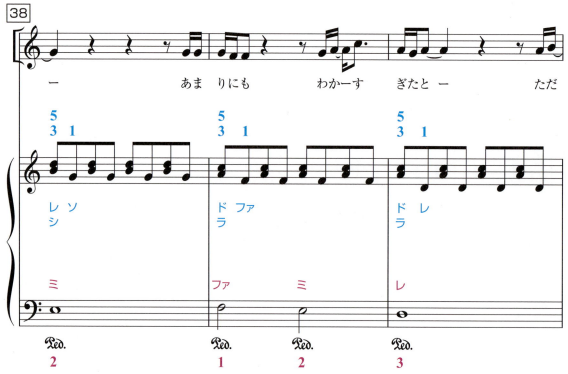

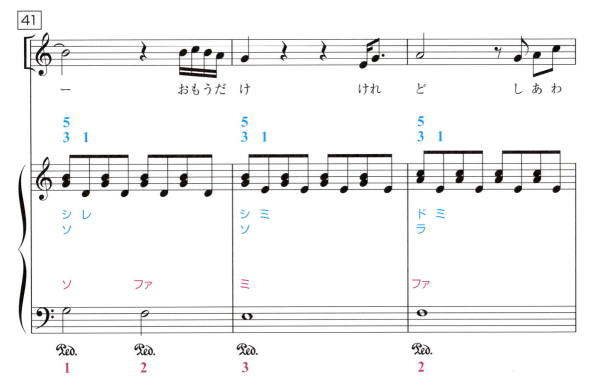

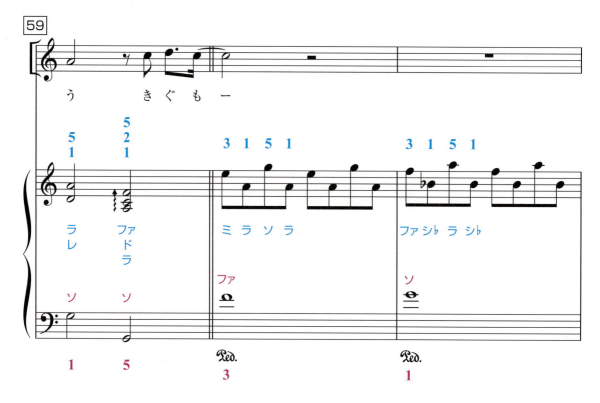

第9章

最終課題曲にチャレンジしよう

本書の掉尾を飾るのは映画『戦場のメリークリスマス』のテーマ「Merry Christmas Mr. Lawrence」へのチャレンジです。30年以上前の曲なのに、今でもこの曲をピアノで弾きたいという人、とても多いんですよね。原曲は♭が5つもつく上に、シンプルなメロディラインの割に難しい指使いが頻出する曲なのですが、とりあえずここでは黒鍵を使う箇所を2箇所だけに抑えたアレンジにしてあります。それでもやはりモノにするにはそれなりに練習が必要で、まさに最終課題曲としてはうってつけ。頑張って弾きこなしましょう。

この章の内容

- ㊾ ここに気をつけて演奏しよう ・・・・・・・・・・・・・・・・・・ 142
- ㊿ 「戦メリ」のテーマを弾いてみよう ・・・・・・・・・・・・・ 144

レッスン49 ここに気をつけて演奏しよう

キーワード　「戦メリ」演奏のポイント

ここでのアレンジは、たぶんこれ以上簡単な「戦メリ」のソロピアノ楽譜はない、というくらいシンプルに徹したものになっています。左右パートとも、基本的に同じ内容の繰り返しが多いので、最初から通しで最後まで練習するよりも、順番に各ブロックを制覇していく方が、マスターへの近道だと思います。

イントロの右手部分（1〜8小節目）

●指番号の指示に従って正しい運指を行いましょう

流れるようなフレーズなのでなめらかに弾きたいところですが、指使いを間違えるととたんに弾きづらいフレーズに変身してしまうので、注意してください。4小節目に出てくる指またぎからのフレーズは、指の並びに従っているため指番号に従えばそれほど難しくないと思います。7小節目から8小節目の前半に出てくる薬指で弾くソと小指で弾くシの音は弱くならないように意識します。

また8小節目後半の指またぎ2連続部分は、指使いが同じなので、最初の指またぎさえクリアできれば2つ目の方は勢いで乗り越えられるでしょう。

薬指や小指で弾く音が弱くならないように

最初の指またぎを成功させれば楽勝！

指 指またぎ

音符がタイでつながっている部分（33〜40小節目）

● **先にフレーズを耳で覚えてから、それを口で唱えながら弾きましょう**

33小節目からの新しいブロックでは、音符がタイでつながって拍の頭でないところを弾くフレーズが出てきます。

この部分はまず模範演奏をよく聴き、フレーズを耳で覚えてしまいましょう。フレーズを覚えたらそのリズムを口で"タタタタン〜"と唱えながら弾いてみると、意外とすんなりリズムがつかめると思います。また左手パートはちょうど右手パートのタイがつく音符と同じところを弾くので、右手のリズムに従うだけで自然とリズムがつかめるハズです。

指替えの部分（56小節目、80小節目）

● **難しくはありませんが、指替えを忘れるとフレーズが弾けなくなります**

56小節目と80小節目のフレーズを弾くためには指替えが必要になります。

指替えは連続する同音を別の指で弾く運指で、ここではその運指自体に特に難しさはありませんが、うっかり指替えを忘れたり、替える指を間違えると以降のフレーズが弾けなくなりますから、気をつけましょう。

レッスン 50 「戦メリのテーマ」を弾いてみよう

キーワード 🔑 最終課題曲「Merry Christmas Mr. Lawrence」

YouTube

指 指またぎ　指 指替え

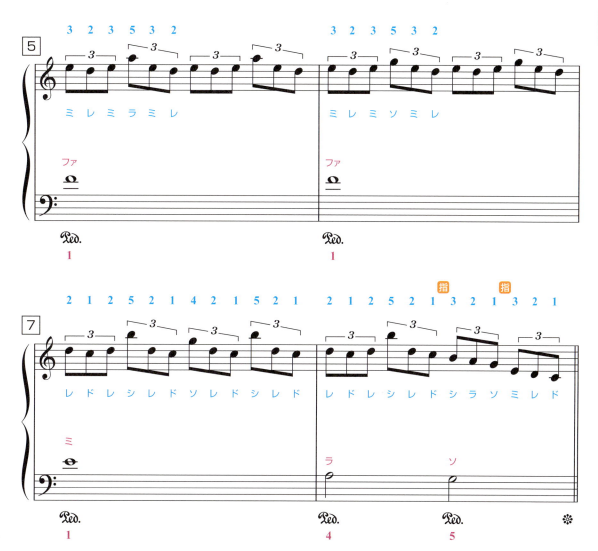
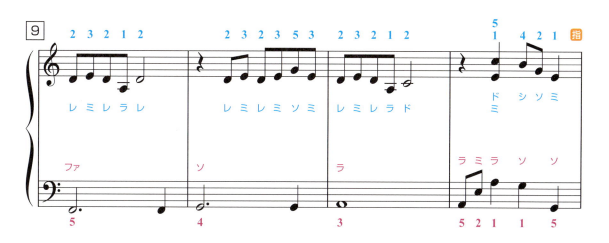

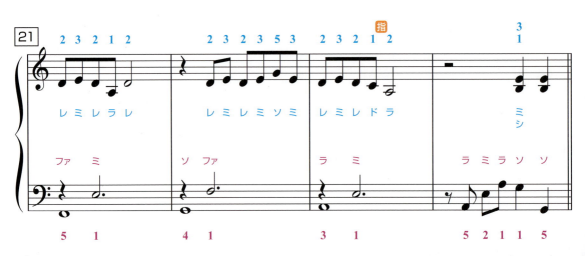

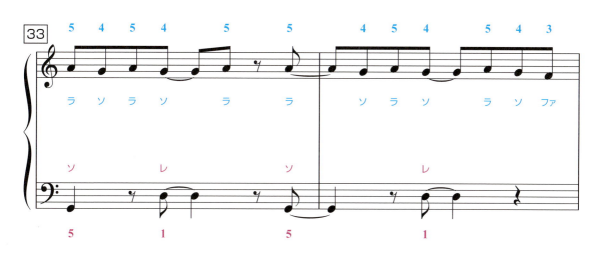

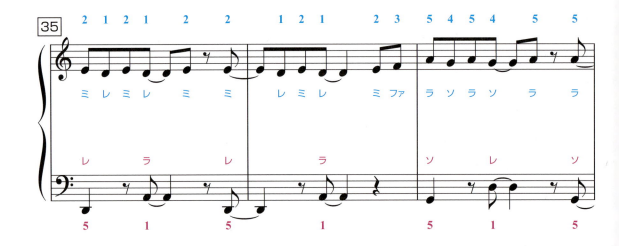

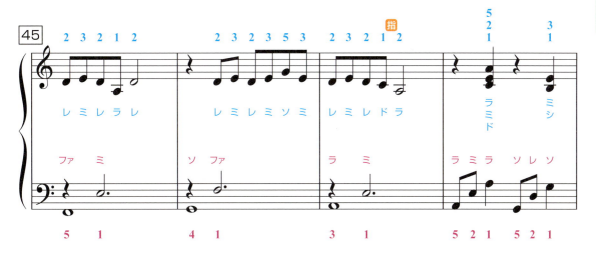

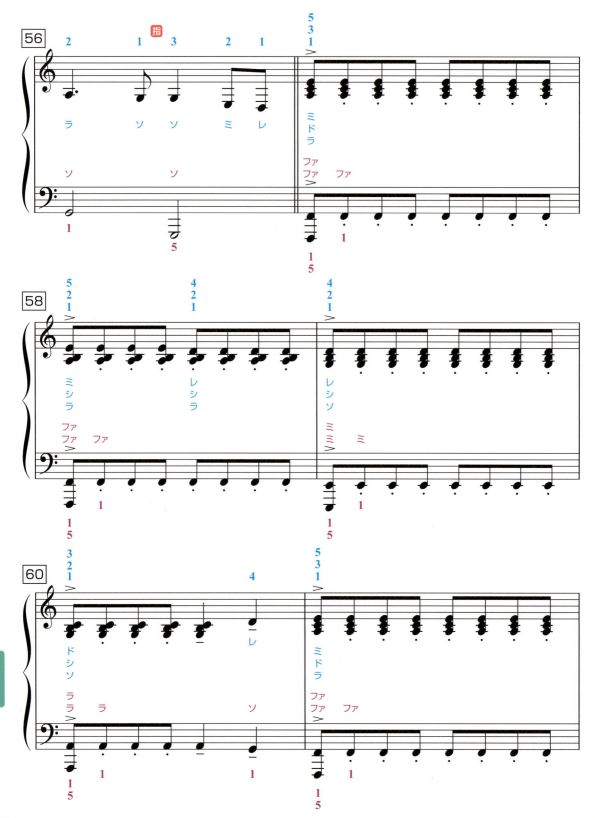

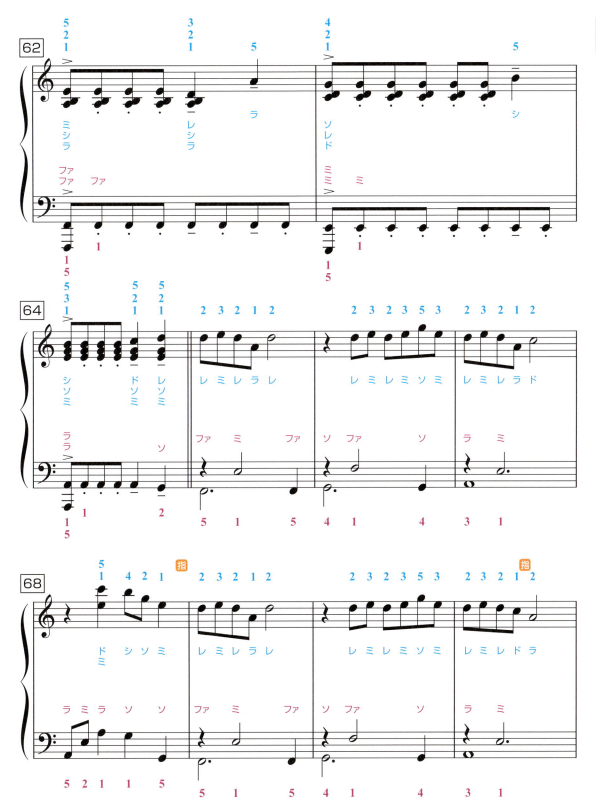

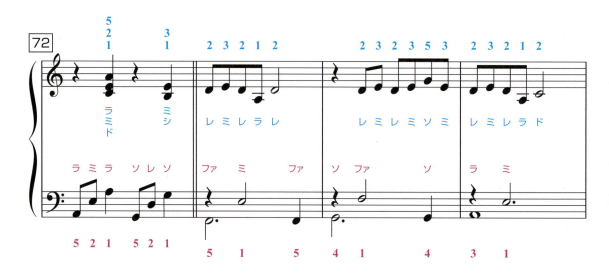
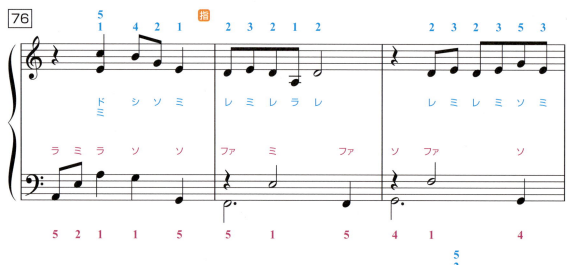

付録1

ピアノコードカタログ

CからBまでの7つのルート音に対して、それぞれメジャー系6種類＋マイナー系6種類のコードの構成音と基本形の押さえ方を掲載したカタログです。ピアノでコード弾きを行う際のお助けアイテムとしてぜひ活用してください。

ルートが C のコード

メジャー系

C
構成音 ドミソ

C6
構成音 ドミソラ

C7
構成音 ドミソシ♭

CM7
構成音 ドミソシ

C7sus4
構成音 ドファソシ♭

Caug
構成音 ドミソ♯

コードネームの読み方
- □6（シックス）　□7sus4（セブンスサスフォー）
- □aug（オーグメントまたはオーギュメント）
- □-5（フラットファイブ）　□dim7（ディミニッシュセブンス）

ルートが **C** のコード

マイナー系

Cm
構成音 ド ミ♭ ソ

Cm6
構成音 ド ミ♭ ソ ラ

Cm7
構成音 ド ミ♭ ソ シ♭

CmM7
構成音 ド ミ♭ ソ シ

Cm7-5
構成音 ド ミ♭ ソ♭ シ♭

Cdim7
構成音 ド ミ♭ ソ♭ ラ

ルートが D のコード
レ

メジャー系

D
構成音 レ ファ# ラ

D6
構成音 レ ファ# ラ シ

D7
構成音 レ ファ# ラ ド

DM7
構成音 レ ファ# ラ ド#

D7sus4
構成音 レ ソ ラ ド

Daug
構成音 レ ファ# ラ#

コードネームの読み方

□6（シックス）　□7sus４（セブンスサスフォー）
□aug（オーグメントまたはオーギュメント）
□-5（フラットファイブ）　□dim7（ディミニッシュセブンス）

ルートが **D** のコード

マイナー系

Dm
構成音 レ ファ ラ

Dm6
構成音 レ ファ ラ シ

Dm7
構成音 レ ファ ラ ド

DmM7
構成音 レ ファ ラ ド♯

Dm7-5
構成音 レ ファ ラ♭ ド

Ddim7
構成音 レ ファ ラ♭ シ

ルートが E のコード
ミ

メジャー系

E
構成音 ミ ソ# シ

E6
構成音 ミ ソ# シ ド#

E7
構成音 ミ ソ# シ レ

EM7
構成音 ミ ソ# シ レ#

E7sus4
構成音 ミ ラ シ レ

Eaug
構成音 ミ ソ# ド

コードネームの読み方

- □6（シックス）　□7sus4（セブンスサスフォー）
- □aug（オーグメントまたはオーギュメント）
- □-5（フラットファイブ）　□dim7（ディミニッシュセブンス）

ルートが **E** のコード

マイナー系

Em　構成音 ミ ソ シ

Em6　構成音 ミ ソ シ ド♯

Em7　構成音 ミ ソ シ レ

EmM7　構成音 ミ ソ シ レ♯

Em7-5　構成音 ミ ソ♭ シ レ

Edim7　構成音 ミ ソ シ♭ レ♭

ルートが F のコード
ファ

メジャー系

F
構成音 ファ ラ ド

F6
構成音 ファ ラ ド レ

F7
構成音 ファ ラ ド ミ♭

FM7
構成音 ファ ラ ド ミ

F7sus4
構成音 ファ シ♭ ド ミ♭

Faug
構成音 ファ ラ ド♯

コードネームの読み方
- □6（シックス） □7sus4（セブンスサスフォー）
- □aug（オーグメントまたはオーギュメント）
- □-5（フラットファイブ） □dim7（ディミニッシュセブンス）

ルートが **F** のコード

マイナー系

Fm
構成音 ファ ラ♭ ド

Fm6
構成音 ファ ラ♭ ド レ

Fm7
構成音 ファ ラ♭ ド ミ♭

FmM7
構成音 ファ ラ♭ ド ミ

Fm7-5
構成音 ファ ラ♭ シ ミ♭

Fdim7
構成音 ファ ラ♭ シ レ

できる | 161

ルートが G のコード
ソ

メジャー系

G
構成音 ソ シ レ

G6
構成音 ソ シ レ ミ

G7
構成音 ソ シ レ ファ

GM7
構成音 ソ シ レ ファ♯

G7sus4
構成音 ソ ド レ ファ

Gaug
構成音 ソ シ レ♯

コードネームの読み方
- □6（シックス）　□7sus4（セブンスサスフォー）
- □aug（オーグメントまたはオーギュメント）
- □-5（フラットファイブ）　□dim7（ディミニッシュセブンス）

ルートが **G** のコード

マイナー系

Gm 構成音 ソ シ♭ レ

Gm6 構成音 ソ シ♭ レ ミ

Gm7 構成音 ソ シ♭ レ ファ

GmM7 構成音 ソ シ♭ レ ファ♯

Gm7-5 構成音 ソ シ♭ レ♭ ファ

Gdim7 構成音 ソ シ♭ レ♭ ミ

ルートが A のコード
ラ

メジャー系

A
構成音 ラ ド♯ ミ

A6
構成音 ラ ド♯ ミ ファ♯

A7
構成音 ラ ド♯ ミ ソ

AM7
構成音 ラ ド♯ ミ ソ♯

A7sus4
構成音 ラ レ ミ ソ

Aaug
構成音 ラ ド♯ ファ

コードネームの読み方
□6（シックス）　□7sus4（セブンスサスフォー）
□aug（オーグメントまたはオーギュメント）
□-5（フラットファイブ）　□dim7（ディミニッシュセブンス）

ルートが **A** のコード

マイナー系

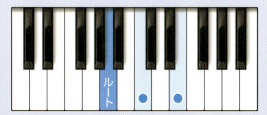
Am
構成音 ラ ド ミ

Am6
構成音 ラ ド ミ ファ♯

Am7
構成音 ラ ド ミ ソ

AmM7
構成音 ラ ド ミ ソ♯

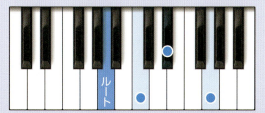
Am7-5
構成音 ラ ド ミ♭ ソ

Adim7
構成音 ラ ド ミ♭ ソ♭

ルートが **B** のコード
シ

メジャー系

B
構成音 シ レ♯ ファ♯

B7
構成音 シ レ♯ ファ♯ ラ

B7sus4
構成音 シ ミ ファ♯ ラ

B6
構成音 シ レ♯ ファ♯ ソ♯

BM7
構成音 シ レ♯ ファ♯ ラ♯

Baug
構成音 シ レ♯ ソ

コードネームの読み方

□6（シックス）　□7sus4（セブンスサスフォー）
□aug（オーグメントまたはオーギュメント）
□-5（フラットファイブ）　□dim7（ディミニッシュセブンス）

ルートが **B** のコード

マイナー系

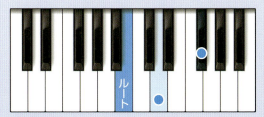

Bm
構成音 シ レ ファ♯

Bm6
構成音 シ レ ファ♯ ソ♯

Bm7
構成音 シ レ ファ♯ ラ

BmM7
構成音 シ レ ファ♯ ラ♯

Bm7-5
構成音 シ レ ファ ラ

Bdim7
構成音 シ レ ファ ラ♭

ルートに♯や♭がついているコード

　コードにはここまで掲載した以外に♯や♭がついたルートから始まるものが10種類あります。そのうち5種類のルートは異名同コード（P126参照）となるので実際はあと5種類なのですが、やみくもに暗記するのは大変。そこで、ここではルートに♯や♭がついたコードの押さえ方を簡単に導き出す方法を紹介します。

元のコードの押さえ方をそのまま流用できます

● ♯なら右隣、♭なら左隣の鍵盤を押さえましょう

　まず下の3つの図を見てください。左がD♭m、真ん中がDm、右がD♯mのコードの押さえ方です。

　押さえる鍵盤を1つ1つ見比べてみると、D♯mのコードでは白鍵黒鍵関係なくDmのコードで押さえる鍵盤の右隣。かたやD♭mでは、白鍵黒鍵関係なくDmのコードで押さえる鍵盤の左隣を押さえているのがわかると思います。つまり、♯がついているコード（D♯m）は元のコード（Dm）から押さえる鍵盤を右隣にスライドさせたもので、♭がついているコード（D♭m）は元のコードから左隣にスライドさせたものと言えます。

　この法則を活用すると、Dmというコードの押さえ方を覚えるだけで、ついでにD♭mとD♯mの押さえ方もわかってしまうわけです。またD♭mとC♯m、D♯mとE♭mは異名同コードなので、D♭mの押さえ方がわかる＝C♯mの押さえ方もわかる、D♯mの押さえ方がわかる＝E♭mの押さえ方もわかることになります。

　これならルートに♯や♭がついているコードの丸暗記は必要ないですよね。

D♭m（またの名をC♯m）

Dm

D♯m（またの名をE♭m）

付録2

基礎資料集

ここでは音楽記号や発想記号、五線譜上の音符の位置についての図表を掲載します。また、テンションを含んだコードの構成音についてのQ&Aもありますから、ピアノの練習の合間にざっと目を通しておくといいでしょう。

音楽記号

fff	フォルテッシシモ	…………	フォルテッシモよりさらに強く
ff	フォルテッシモ	………	非常に強く
f	フォルテ	………………	強く
mf	メゾ・フォルテ	…………	やや強く
mp	メゾ・ピアノ	……………	やや弱く
p	ピアノ	…………………	弱く
pp	ピアニッシモ	……………	非常に弱く
ppp	ピアニッシシモ	…………	ピアニッシモよりさらに弱く
♪>	アクセント	………………	その音だけ強く弾く
♪	スタッカーティシモ	………	音と音の間をスタッカートよりさらに短く切る
♪	スタッカート	……………	音と音の間を切る
♪	メゾスタッカート	…………	音と音の間をスタッカートより長めに切る
♪	テヌート	…………………	その音の長さを十分に保つ
⌒	フェルマータ	……………	その音を任意の長さにのばす
D.C.	ダ・カーポ	………………	曲の最初に戻る
D.S.	ダル・セーニョ	…………	セーニョ・マーク（𝄋）の位置へ戻る
to ⊕	トゥ・コーダ	……………	セーニョ・マーク（𝄋）へ戻った後にこの記号が出てきたら ⊕ *Coda* への位置に飛ぶ
Fine	フィーネ	…………………	繰り返し後にこの位置で演奏終了
8va ⌐	オクターブ記号	…………	指定されている範囲を1オクターブ高く演奏する
8vb ⌐	オクターブ記号	…………	指定されている範囲を1オクターブ低く演奏する

発想記号

accel.（accelerando）	アッチェレランド	次第に速く
adagio	アダージョ	くつろぐように、ゆるやかな速度で
allegretto	アレグレット	やや速く
allegro	アレグロ	快速に速く
andante	アンダンテ	歩くような、やや遅めの速度で
andantino	アンダンティーノ	アンダンテよりやや速めの速度で
animato	アニマート	生き生きと
a tempo	ア・テンポ	元の速さで
cantabile	カンタービレ	歌うように、表情をこめて
dolce	ドルチェ	柔らかに、甘く
largo	ラルゴ	広々した気持ちで、ゆったりと遅く
meno mosso	メノ・モッソ	より遅く
moderato	モデラート	適度な速さで
piu mosso	ピウ・モッソ	より速く
poco ～	ポコ	もう少し～する
poco a poco	ポコアポコ	少しずつ～する
presto	プレスト	極めて速く
rall.（rallentando）	ラレンタンド	次第に緩やかに
rit.（ritardando）	リタルダンド	次第に遅く
rubato	ルバート	速さを自由に加減して
sub.（subito）	スビト	すぐに、ただちに

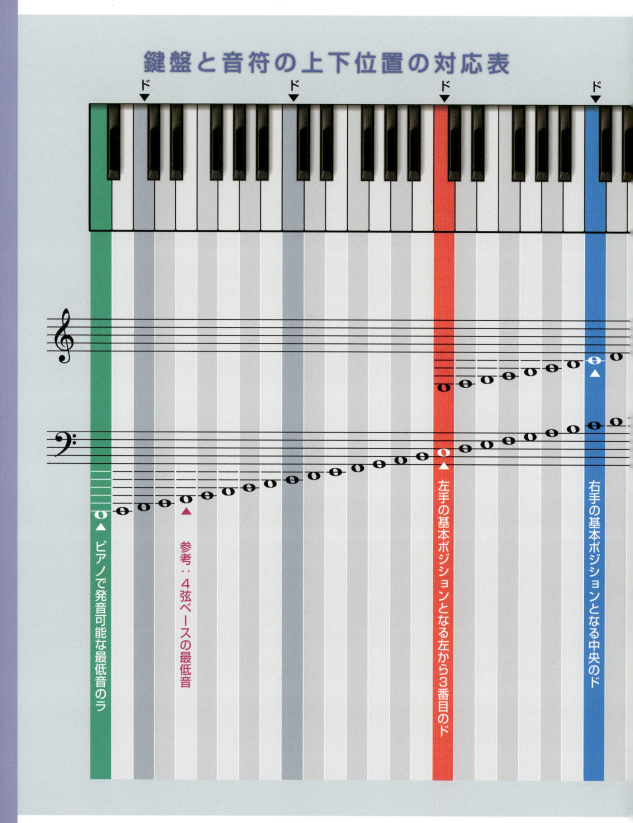

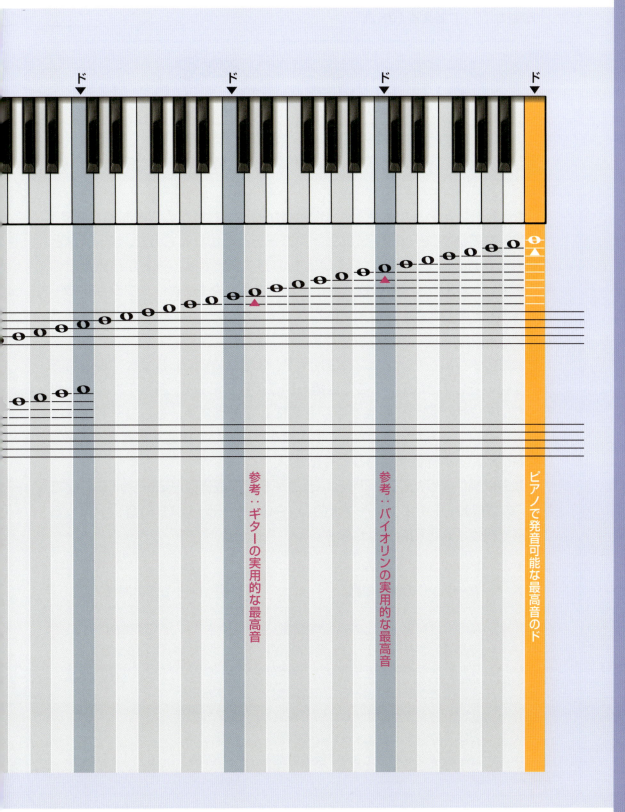

ピアノの素朴な「?」に答える Q&A

Q コードネームの後ろについている9や11, 13の数字の意味がわかりません

A それはテンションコードと呼ばれるもので元のコードの構成音に数字で表された音を加えます

　9や11、13といった数字（さらに♭や♯が組み合わされることもあります）がつけられているコードは、テンションコードと呼ばれるもので、ジャズなどでは当たり前のように使用されているものです。数字はルートから見た音の高さを表し、本来のコードの構成音にその音を加えたものが、テンションコードの構成音となります。たとえばC7(9,♭13)というコードならば、9の音と♭13の音がC7の構成音に加わるわけです。

　理論書のように"テンションとは何ぞや"を語り始めてしまうと本書の目的から逸脱してしまうので、ここでは難しいこと抜きにして、各数字がルートから見ていくつめの鍵盤に相当するかを表にしておきます。もしコード譜などにテンションコードが出てきたら、下の表を参考にして鍵盤をたどり、本来のコードに加えるべき音を見つけてください。

　ちなみに例に挙げたC7(9,♭13)というコードの構成音はドミソシ♭（ここまでがC7の構成音）＋1オクターブ上のレ（9の音）＋ラ♭（♭13の音）となり、6つの音で構成される和音になります。

数字	ルートからの鍵盤の数	例）ルートがCの場合
♭9	13（1オクターブ上の右隣の鍵盤）	1オクターブ上のレ♭の音
9	14（1オクターブ上＋2つ目の鍵盤）	1オクターブ上のレの音
♯9	15（1オクターブ上＋3つ目の鍵盤）	1オクターブ上のレ♯の音
11	17（1オクターブ上＋5つ目の鍵盤）	ファの音
♯11	18（1オクターブ上＋6つ目の鍵盤）	ファ♯の音
♭13	20（1オクターブ上＋8つ目の鍵盤）	ラ♭の音
13	21（1オクターブ上＋9つ目の鍵盤）	ラの音

STAFF

シリーズロゴデザイン	山岡デザイン事務所
カバーオリジナルデザイン	阿部 修
本文オリジナルデザイン	町田有美
アドバイザー	藤井貴志（株式会社インプレス）
カバーデザイン	松本和美
本文リデザイン＆DTP	雉寅美雨之介（Studio 406）
DVD	インストラクター：篠田浩美
	ディレクター：瀬戸和幸（有限会社ノア・ノア）
	撮影：長谷川浩基
	音声：間瀬哲史（有限会社セカンドドリップ）
	制作：有限会社ノア・ノア
MP3ファイル	プログラミング：鳥居 遷（Honmoku Bayside Studio）
	レコーディング：伴 美好（Yamate Hilltop Studio）
編集人	野口広之
編集担当	内山秀央、松本久美（土屋組）
テクニカルアドバイザー	篠田浩美
譜面浄書	ストーンミュージック
オリジナルコンセプト	山下憲治

JASRACの承認により許諾証紙貼付免除　JASRAC出1700359-107　許諾番号の対象は、当該出版物中、当協会が許諾することのできる著作物に限られます。

■ DVD ビデオ　使用上のご注意：本書付録のDVDは，DVDビデオです。DVDビデオは，映像と音声を高密度で記録したディスクです。DVDビデオ対応プレーヤーで再生してください。DVD再生機能を持ったパソコンやゲーム機など，一部の機種では再生できない場合があります。不都合が生じた場合，弊社では動作保証の責任を負いませんので，あらかじめご了承ください。詳しい再生上の取り扱いについては，ご使用のプレーヤーの取扱説明書をご覧ください。　■ DVD ビデオ　保管上のご注意：ディスクは，両面とも指紋，汚れ，傷などをつけないように取り扱ってください。またディスクに大きな負担がかかると，データの読み取りに支障をきたす場合がありますのでご注意ください。使用後は，必ずプレーヤーから取り出し，専用のケースなどに収めて保管してください。直射日光の当たる場所や高温，多湿の場所には保管しないでください。　■本書ならびに付録の著作権について：本書付録のDVDビデオならびに本書に関するすべての権利は，著作権者に保留されています。著作権者に無断で複製，上映，放映，賃貸，改変，インターネットによる配信をすることは，法律で禁止されています。

できるゼロからはじめるピアノ超入門（ちょうにゅうもん）

ピアノスタイル編集部監修

2017年3月15日　第1版発行
2021年7月24日　第1版第7刷発行

発行所　株式会社リットーミュージック
　　　　〒101-0051 東京都千代田区神田神保町一丁目105番地　　　https://www.rittor-music.co.jp/

発行人　松本大輔

【乱丁・落丁などのお問い合わせ】
TEL：03-6837-5017／FAX：03-6837-5023　service@rittor-music.co.jp
受付時間／10:00-12:00、13:00-17:30（土日、祝祭日、年末年始の休業日を除く）

【書店様・販売会社様からのご注文受付】
リットーミュージック受注センター　TEL：048-424-2293／FAX：048-424-2299

【本書の内容に関するお問い合わせ先】
info@rittor-music.co.jp
本書の内容に関するご質問は、Eメールのみでお受けしております。
お送りいただくメールの件名に「できるゼロからはじめるピアノ超入門」と記載してお送りください。
ご質問の内容によりましては、回答までにしばらくお時間をいただくことがございます。
なお、電話やFAX、郵便でのご質問、本書記載内容の範囲を超えるご質問につきましては
お答えできかねますのであらかじめご了承ください。

落丁・乱丁本はお取替えいたします。
本書記事／写真／図版などの無断転載・複製は固くお断りします。

※「できる」『できるシリーズ』は、株式会社インプレスの登録商標です。

Copyright© 2017 Rittor Music,Inc.All rights reserved.

印刷所　図書印刷株式会社
DVDプレス　株式会社JVCケンウッド・クリエイティブメディア
ISBN978-4-8456-3007-3
定価1,650円（本体1,500円＋税10％）
Printed in Japan